한 권으로 끝내는 NFT 투자 수업

수익률 1000%
진짜 돈 버는
NFT 투자 전략

한 권으로 끝내는
NFT
투자 수업

윤기수(엔모) 지음 | 나홍석 감수

TORNADO
토 네 이 도

일러두기

1. 이 책에 등장하는 주요 인명, 지명, 기관명, 상표명 등은 국립국어원 외래어
   표기법을 따르되 일부는 관례에 따라 표기했습니다. 인명과 NFT 작품명,
   기타 설명이 필요한 개념의 경우 최초 등장에 한해 원문을 병기했습니다.
2. 이 책의 자료는 이 책을 집필한 2022년 3~5월을 기준으로 작성했습니다.
   출처는 부록에 명시했습니다.
3. 이 책에 나오는 달러는 미국 달러를 의미합니다.

NFT 세상에 뛰어들고 싶은
사람들을 위해

'NFT가 대체 무엇이길래?' 아마도 현대 사회를 살아가는 대부분의 사람들이 가지고 있는 궁금증일 것입니다. 이 책 역시 이 질문에서 이야기를 시작합니다.

기술적으로 보면 NFT는 블록체인, 암호화폐와 밀접한 관계가 있습니다. 블록체인, 암호화폐가 조금씩 일반에 알려지고 있는 시점에서 NFT는 아직 생소한 용어로 느껴집니다. 그리고 이들의 전망은 전문가들 사이에서도 엇갈립니다. 다만 장기적으로 이러한 기술들이 우리의 삶에 깊숙하게 자리 잡을 것이라는 것에는 대체로 동의하고 있습니다.

과연 NFT가 만들어 갈 변화는 무엇일까요? 새로운 기술은 항상 새로운 기회를 생산해 냈습니다. 하지만 없어도 사는 데 크게 불편하지 않은 기술이 나에게 어떤 가치를 줄 수 있는지 상상하는 것은 쉬운 일이 아닙니다. 2007년 아이폰이 처음 출시됐을 때 대부분의 사람들은 '도대체 스마트폰이 무엇이길래?'라는 의문을 가지고 있었습니다. 스마트폰은 그나마 눈으로 볼 수 있고 그 편리성을 직접 체험해 볼 수 있기에 직관적으로 이해가 가능했지만 NFT는 눈에 보이지 않기에 더 어렵게 느껴집니다.

NFT의 중요한 기능은 콘텐츠에 유일한 번호를 붙이고 이를 영구적으로 보관할 수 있도록 블록체인에 저장하는 것입니다. 이 책은 여기에 또 다른 기회가 있음을 강조합니다. 지금은 그림이나 음악 파일에 NFT를 부여하고 거래하는 시작 단계이지만 그 영역을 확장할 때 무한한 가능성이 생긴다는 것입니다.

왜일까요? 기술의 발전으로 현실에 더해서 새로운 세상이 만들어지면 그 안에 있는 모든 콘텐츠도 새롭게 가치가 매겨집니다. NFT는 그 가치를 블록체인이라는 기반에 넣어두는 역할을 합니다. 손에 잡히지 않은 가상의 콘텐츠를 우리 손에 있는 실물로 존재하도록 만들어 주는 것입니다.

이 책은 NFT 입문서이자 NFT 투자 실천서입니다. 우선 민팅, 리빌, 로드맵 구현 등 NFT를 이해하는 데 꼭 필요한 개념들을 알기 쉽게 설명합니다. 나아가 투자자의 관점에서 NFT 기술의 가치를 살펴보고 저자만의 인사이트를 전달합니다. 또한 NFT로 대표되는 새로운 혁신을 소개하고 그 중요성을 인정해야 함을 강조하면서도 이를 제대로 이해하지 못하고 투자에 참여했을 때의 다양한 위험성에 대해 경고합니다.

읽다 보면 '나도 NFT 투자 한번 해볼까?' 하는 생각이 들 정도로 저자는 스스로 시행착오를 거치면서 얻은 소중한 경험들을 아낌없이 소개하고 있습니다. NFT를 기술적 관점에서 바라본 저 역시 이 책을 감수하며 개인적으로 많은 것을 배우는 시간을 가졌습니다. 전공자들도 NFT 기술의 원리나 효용성, 발전가능성 정도만 알고 있지 NFT 투자시장이 어떻게 작동하고 그곳에 어떻게 접근해야 하는지는 대부분 잘 모릅니다. NTF에 관해 아직 이렇다 할 투자 지침이나 가이드가 없는 상황에서 아무도 가지 않은 길을 헤쳐 가며 하나하나 쌓은 저자의 노하우는 이제 막 NFT에 관심을 가지고 투자를 시작하려는 사람들에게 큰 도움이 될 것입니다.

세상은 변화하고 있습니다. 그리고 NFT는 그 변화의 한 중심을 담당할 것입니다. 이 모든 것을 단번에 이해하기는 어렵더라도 그 흐름을 인정하고 새로운 기회를 잡기 위해 도전해 볼 만한 가치는 있습니다. NFT에 대한 궁금증은 가지고 있지만 어디서부터 어떻게

시작해야 할지 모르는 사람들에게 이 책이 NFT 세상의 길잡이가

돼줄 것입니다.

나홍석(고려사이버대학교 소프트웨어공학과 교수/융합정보대학원 원장)

평범한 직장인,
기회의 땅을 찾아 나서다

'새로운 곳에는 언제나 기회와 위기가 공존한다.' 제가 늘 마음에 새기고 있는 말입니다. 우리는 항상 새로운 기회를 찾길 원합니다. 단순히 재미를 위해서 혹은 자아실현을 하거나 더 많은 부를 축적하기 위해서 등 이유는 다양합니다.

번듯한 명문대를 나와 내로라하는 대기업에 별 탈 없이 취업해 직장인의 삶을 살던 저는 문득 고민이 하나 생겼습니다. '과연 내가 그리던 삶의 종착지가 직장인이 맞을까?' 대학교 3학년 무렵 대부분의 대학생 혹은 취업 준비생처럼 저는 막연하게 취직을 해야 한다고 생각했습니다. 제 삶의 목적이나 꿈, 장래 희망과는 무관하게 말이죠. 그렇게 막상 회사에 들어가니 다람쥐 쳇바퀴 같은 삶이 무료하게만 느껴졌습니다. 그게 어떤 일이든 '나의 일'을 하고 싶었고 내가 쏟은 노력과 이뤄낸 성취만큼 보상받고 싶었죠. 그때부터 본격적으로 나는 어떤 일을 하고 싶은지 진지하게 고민하기 시작했습니다.

주식시장을 통해 처음 만난 NFT

첫 번째 하고 싶은 일은 바로 주식투자였습니다. 주식투자에 매력을 느낀 가장 큰 이유는 세상 그 어떤 것보다 투명해 보였기 때문입니다. 내가 주식 공부에 쏟은 시간만큼, 매매에 쏟은 시간만큼 수익 혹은 손실이라는 결과가 바로바로 따라왔으니까요. 회사에서는 내가 아무리 열심히 일해도 직위나 연차가 같은 직원들과 동일한 보상을 받았습니다. 하지만 주식시장에서는 내 노력과 성실함의 대가가 금전적 보상의 형태로 바로바로 돌아온다는 점이 매력적으로 느껴졌습니다.

또 다른 이유는 당연하게도 '부'였습니다. 직장인의 월급만으로는 현실을 견디기 어렵다는 생각이 들었습니다. 하루가 다르게 물가는 치솟는데 내 월급은 그만큼 오르지 않았습니다. 부모님 세대가 저축하던 때와는 다른 1% 저금리 시대에 언제 돈을 모아 어떻게 내 집 마련을 할 수 있을지 고민이 켜켜이 쌓여갔습니다.

그렇게 서른 살, 대기업 입사 3년 만에 저는 퇴사를 결심하고 전문 투자자의 길을 걷게 됐습니다. 유사투자자문업 허가를 받아 투자자문업도 하면서요. 주식시장은 전 세계 이슈의 흐름에 가장 민감하고 빠르게 반응하는 곳이다 보니 트렌드에도 자연스레 눈을 뜨게 됐습니다. 그러던 어느 날 주식시장에 NFT 열풍이 불었습니다.

갑자기 NFT가 주식시장 전체를 집어삼킬 만한 이슈가 되면서 기업이란 기업은 너나없이 NFT 사업 역량 강화를 공표하기 시작했습니다. 그 기업들의 주가가 상한가를 기록할 만큼 파급력도 강했습니다. 주식시장에서 어떤 기업의 주가가 최고가격을 찍는 것은 아주 어려운 일입니다. 하루에 10~20% 상승하는 종목은 많아도 상한가를 기록하는 종목은 많지 않죠. 그런데 2021년 주식시장에 NFT 열풍이 불었을 당시 "우리 회사도 NFT를 할 겁니다!"라는 기사가 발표되는 것만으로도 주가가 상한가를 기록하는 기업이 하루에도 몇 개씩 쏟아졌습니다.

전문 투자자인 제겐 너무나도 신선한 충격이었죠. NFT가 대체 뭐길래 주식시장에 이렇게나 강하게 반영되는 걸까? 포털 사이트에서 NFT를 검색해 보니 무수한 게시글이 나왔지만 온통 이해하기 어려운 비슷비슷한 이야기들만 가득했습니다. '분명 미국 실리콘밸리부터 국내 중소기업까지 모두가 NFT 이야기를 하는데 왜 이렇게 정보와 콘텐츠가 부족할까' 하는 생각으로 공부를 하다 보니 답은 '정보의 초超격차'에 있었습니다.

NFT는 소수 얼리 어답터들의 놀이터였다

NFT는 블록체인이라는 기술을 기반으로 하는 새로운 디지털 자산입니다. 블록체인 자체가 고도의 신기술이기 때문에 해당 분야 종사자나 컴퓨터공학 전공자가 아닌 이상 개념을 이해하는 데 큰 어려움이 따릅니다. 블록체인만으로도 머리가 아픈데 NFT는 인간의 본능적 욕구, 심리적 현상 그리고 새로운 메커니즘이 결합된 영역이다 보니 더더욱 어려울 수밖에요.

이미 NFT 시장을 즐기고 있는 소수의 사람들은 기술을 잘 이해하고 있는 반면 이제 막 NFT를 접하는 사람들에게는 진입 장벽이 너무 높아 보이는 것이 현실입니다. 개인적인 의견이지만 여태까지 세상에 존재했던 모든 새로운 기술이나 전문 분야 중에 아는 사람과 모르는 사람의 격차가 가장 크게 벌어져 있는 곳이 바로 NFT

세계인 것 같습니다.

새로운 기회의 땅을 개척하기 위한 준비

NFT는 새로운 기회의 땅입니다. 미래 메타버스 세상의 동반자로 무궁무진하게 성장해 나갈 분야이자 새로운 부를 창출할 수 있는 투자시장이기도 합니다. 인간의 본능적 수집 욕구를 무한의 디지털 공간으로 확장해 나가게 하는 새로운 메가트렌드기도 하죠. NFT 는 21세기를 살아가는 우리가 절대로 간과해서는 안 될 분야로 직접 투자하지 않더라도 반드시 그 개념을 알아둬야 합니다. 저는 이 기회를 놓치고 싶지 않아 NFT를 집중적으로 공부했고 지금은 실전 투자자이자 NFT 콘텐츠 크리에이터로 활동하고 있습니다.

대기업 막내 사원에서 주식 전문 투자자를 거쳐 이제는 NFT 투자자이자 크리에이터로 살아가고 있는 제가 이 책을 쓰게 된 이유도 바로 여기에 있습니다. NFT가 새로운 기회의 땅임은 분명한 사실입니다. 심지어 저는 이 시장이 2018년 처음 등장한 암호화폐 시장보다 훨씬 더 큰 잠재력을 갖고 있다고 생각합니다. 하지만 대중이 이 기회를 잡기에는 이해하기 쉬운 정보와 콘텐츠가 부족한 것이 현실이죠.

누군가 조금만 쉽게 설명해 주고 알려주면 모두가 충분히 이해하고 즐길 수 있는 시장이 바로 NFT입니다. 주식, 부동산, 암호화폐 등 그 어떤 시장보다 재밌고 즐거운 시장이기도 합니다. 이 책을 통해 더 많은 사람이 NFT에 눈을 뜨고 조금이나마 NFT 세상을 즐길 수 있길 바라는 마음으로 한 자 한 자 적어봅니다.

차례

Step 1

NFT 단숨에 소화하기

Chapter 1. 완전히 새로운 미래의 물결

Chapter 2. NFT, 너는 누구니?

Chapter 3. NFT는 왜 이렇게 비쌀까?

========= Step 2 =========

NFT 실전 매매법

NFT
단숨에
소화하기

1

완전히 새로운
미래의 물결

세상을 바꿀 자산,
NFT

전통적 투자시장

세상에는 우리가 투자 활동을 영위할 수 있는 시장이 많습니다. 투자자가 아닌 사람에게도 익숙한 주식시장과 국채, 회사채, 금융채 등이 거래되는 채권시장은 증권투자 활동을 할 수 있는 대표적인 곳입니다. 부동산시장은 땅과 건물을 거래할 수 있는 곳입니다.

주식시장과 부동산시장은 역사가 긴 전통적인 투자시장입니다. 1956년 3월 3일 대한증권거래소가 출범하면서 현대적인 모습을 갖춘 주식시장은 60여 년의 역사를 갖고 있습니다. 부동산시장은 보통 해방 이후 1960년대부터 시작된 것으로 간주합니다. 본격적인 도시화가 진행됨에 따라 부동산이 투자 성격을 띠기 시작한 시기이기 때문입니다.

역사가 길다는 것은 그만큼 시장의 확장성과 성장성이 정체됐다는 뜻으로 해석할 수 있습니다. 현실적으로 주식시장은 '기울어진 운동장'이라는 말이 나올 만큼 일반 투자자가 기관이나 외국인 투자자를 상대로 수익을 낼 확률이 낮습니다. 개인 간 경쟁도 무척 치열하죠. 유튜브나 네이버에 '주식'이라고 검색해 보면 수없이 많은 투자 고수와 슈퍼 개미가 나옵니다. 주식투자는 기본적으로 상호거래기 때문에 누군가 돈을 번다면 누군가는 돈을 잃을 수밖에 없습니다. 그 안에서 이미 고수 반열에 오른 사람들과 경쟁하기란 여간 어려운 일이 아니죠.

부동산시장도 마찬가지입니다. 가격이 오를 대로 올라 진입 장벽이 매우 높고 부동산 투자를 통해 높은 수익을 달성한 사람들이 여러 채의 부동산을 보유한 채 가격을 조절하고 있습니다. 특히나 부동산시장은 정부 규제와 정책에 따라 판도가 급격하게 변하기 때문에 얕은 지식으로 덤벼들었다간 큰 빚을 지고 맙니다. 즉, 신규 참여자들이 뛰어들기가 매우 어려울뿐더러 경쟁에서 살아남기도 어려운 곳이 바로 전통적 투자시장인 주식시장과 부동산시장입니다.

암호화폐, 떠오르는 자산 시장

전통적 투자시장은 신규 진입자가 경쟁 우위를 확보하고 부를 창출하기 어렵다는 단점이 있어 최근 젊은 투자자들은 새로운 기회를 찾아 다양한 시장을 발굴하고 그곳으로 이동하고 있습니다. 대표적으로는 무수히 많은 한국의 젊은 부자를 탄생시킨 암호화폐 시장이 있습니다. 사실 2018년 한국에 처음 암호화폐 붐이 일어났을 당시에는 시장의 근간이 튼튼하지 않았습니다. '김치 프리미엄*Kimchi Premium*'[1]이라는 말이 생길 만큼 전 세계 암호화폐 시장을 한국 투자

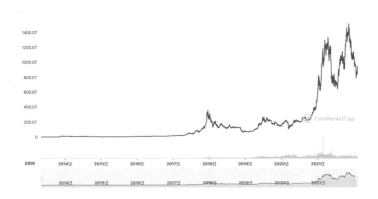

그림 1. 비트코인 가격 추이

---

1   한국에서 거래되는 암호화폐 시세가 해외 거래소 시세와 비교해 얼마나 높은지를 뜻하는 용어.

자들이 주도했습니다. 따라서 시장 내 전체 거래 규모가 크지 않다 보니 시장을 받쳐주는 총자산 규모가 작아 안정성이 떨어졌습니다. 심지어 미국, 유럽 등 자본 강국에서 암호화폐의 자산적 가치를 인정하지 않는 입장을 취하면서 암호화폐 시장은 폭락을 면치 못했습니다.

하지만 2021년부터 암호화폐 시장은 급격한 성장을 보여왔습니다. 이 성장의 배경은 2018년과는 다릅니다. 가장 큰 차이점은 한국이 주도하던 시장을 점차 미국, 유럽 등 서방 강대국이 주도하기 시작했다는 것입니다. 세계 각국 정부가 암호화폐 시장에 본격적으로 참여하면서 해외 굴지의 대기업들도 덩달아 암호화폐 시장에 동참했습니다. 대표적인 기업으로 테슬라가 있습니다. 테슬라 CEO인 일론 머스크^{Elon Musk}는 본인의 트위터에 수차례 암호화폐를 언급하면서 테슬라 차량 구매 수단으로 암호화폐를 지원하겠다는 계획까지 내놓기도 했죠. 테슬라뿐 아니라 미국 대표 유통 업체인 월마트와 아마존 역시 자사 유통 서비스에 암호화폐 결제를 지원하기 위해 블록체인 전문가들을 영입하려는 움직임을 보이고 있습니다.

비단 기업뿐만이 아닙니다. 미국에서는 국가기관이라고 볼 수 있는 금융기관, 연기금 등에서도 암호화폐를 적극적으로 사들이고 있습니다. 특히 지난해 10월 미국 정부는 암호화폐를 혁신 금융 산업

육성 및 활성화 대상으로 확정 지었고 공식적인 파생 금융 상품으로 규정하기도 했습니다. 공신력 있는 정부와 기업들의 본격적인 시장 진입은 암호화폐를 투기 대상으로 인식하는 데서 벗어나 하나의 자산으로 인정하게 하는 촉매제가 됐습니다.

그 결과 암호화폐 시장 거래 규모는 전통적 증권거래 시장 거래 규모를 순식간에 따라잡았습니다. 2022년 한국 주식시장의 코스피*KOSPI* 일일 거래액은 약 20조 원, 코스닥*KOSDAQ* 일일 거래액은 약 11조 원 규모인데 암호화폐 거래액은 약 8조 원[2]에 이르고 있습니다. 젊은 투자자들을 중심으로 한 새로운 자산 시장의 성장이 기존 투자시장을 위협하는 형국이라고 볼 수 있습니다.

암호화폐 시장을 보면 NFT 시장을 예상할 수 있다?

NFT 전문 크리에이터로 활동하면서 주변 사람과 NFT에 관해 많은 이야기를 나누다 보니 대부분이 'NFT도 2018년의 비트코인처럼 되는 거 아닌가?' 하는 근본적인 의문을 품고 있다는 것을

---

2   거래 금액 산정 방식에 따라 차이가 있을 수 있음.

알게 됐습니다. 2018년 암호화폐 붐이 일었던 초기 상황과 지금 NFT 상황이 매우 유사해 보이는 탓입니다.

2018년 암호화폐 시장과 2022년 NFT 시장의 공통점

1. 소수의 사람들만 참여하고 있지만 커뮤니티와 언론에서 뜨거운 감자다.

2. 암호화폐와 NFT를 통해 돈을 벌었다는 사람들이 속속 등장하고 있다.

3. 마치 버블인 것처럼 수익률이 몇십~몇백 퍼센트를 상회한다.

저는 2018년 당시에는 암호화폐에 관심이 없었던 터라 완전히 공감할 수는 없지만 이때 암호화폐 시장의 폭등과 폭락을 경험한 사람들은 지금의 NFT 시장을 보면서 위와 같은 생각을 하는 듯합니다. 여러분의 생각은 어떤가요?

사실 두 시장은 언뜻 비슷한 듯 보여도 자세히 들여다보면 그렇지 않습니다. 먼저 4년 전 암호화폐는 실체 없이 합의로 이뤄진 완벽한 가상의 존재였습니다. 가상화폐라는 이름처럼 디지털 공간에만 존재하는, 글자 그대로 '가상'의 화폐였죠. 동전이나 지폐처럼 우리가 만지고 느낄 수 있는 실체가 없었을뿐더러 1비트코인 가격이

100원이라고 가정했을 때 1비트코인이 정말 100원의 가치를 갖는지 누구도 증명할 수 없었습니다. 중앙은행에서 암호화폐를 화폐로 지정하거나 가치를 보장해 주지 않았으니까요. 또 실물경제와의 연동도 불가능했기 때문에 가치의 크기를 가늠할 수 없었습니다. 예를 들어 누군가 우리에게 "5000원의 가치는 얼마나 되지?"라고 물어본다면 정확하게 정의 내릴 수는 없어도 "5000원은 아이스 아메리카노 한 잔을 살 수 있는 가치가 있어"라고 이야기할 수 있고 여기에 사회 구성원 모두가 공감할 수 있죠. 하지만 "1비트코인의 가치는 얼마나 되지?"라고 했을 때 당시 1비트코인의 가격이 5000원이었다 한들 "1비트코인은 5000원이니까 커피 한 잔만큼의 가치가 있어"라는 말에는 충분한 반론의 여지가 있었습니다.

이처럼 실물경제와 연동되지 않고 새로운 가상화폐가 가치 저장 수단의 역할을 할 수 있는가에 대한 의문은 결국 암호화폐 시장의 폭락으로 이어졌습니다. 물론 지금의 암호화폐 시장은 정부와 은행의 참여로 시장의 합의가 이뤄지고 있고 앞서 언급한 테슬라의 구매 지원, 아마존이나 월마트의 결제 시스템 구축 그리고 페이팔의 페이코인을 통한 온라인 결제 시스템 도입 등 많은 기업이 실물경제와의 연동을 이뤄냈습니다. 이에 따라 암호화폐도 새로운 가치 저장 수단으로 인정받고 있고요.

이렇게 보면 2022년의 NFT 시장은 4년 전 암호화폐 시장보다는 최근의 암호화폐 시장과 유사합니다. 먼저 디지털화된 이미지를 기반으로 한다는 점에서 물적 가치를 내포하고 있습니다. 초기 가상화폐가 허공에 생성된 개념에 불과했다면 현재의 NFT는 디지털화된 그림 형태로 우리가 보고 느낄 수 있는 물성을 지닌다고 볼 수 있습니다.

또 NFT는 탄생 초기부터 빠르게 유틸리티^{Utility}를 만들어 내고 있습니다. 즉, NFT 그 자체에 특정 기능이 있다는 뜻입니다. 어떤 NFT는 제한된 커뮤니티에 입장할 수 있는 입장권 역할을 하고 어떤 NFT는 보유하는 것만으로도 특별한 혜택을 얻을 수 있습니다.

가장 중요한 점은 많은 기업이 NFT 시장을 선도하고 있다는 사실입니다. 과거에는 국내 투자자들이 투자 목적으로 암호화폐를 거래했으나 지금은 국내외 많은 기업이 암호화폐를 상품화하고 있습니다. 최근의 암호화폐 시장처럼 NFT 시장은 초기부터 기업의 참여로 만들어져 나가고 있습니다. 해외 유명 패션 브랜드부터 국내외 굴지의 게임 회사까지 NFT를 활용한 비즈니스를 구축하겠다고 공표했고 많은 기업 중심의 NFT가 세상에 선보여질 예정입니다.

실제로 작년 2021년 12월 23일 기준 전 세계 구글 검색량[3] 추이를 살펴보면 NFT 검색량이 암호화폐를 뜻하는 '크립토^{Crypto}'의 검

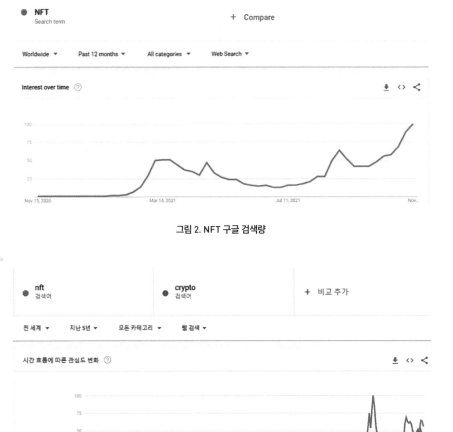

그림 2. NFT 구글 검색량

그림 3. NFT 대 Crypto 구글 검색량 비교

색량을 추월했고 NFT 자체 검색량은 사상 최대치를 기록하고 있습니다. 우리가 'NFT가 대체 뭐길래 이렇게 난리야' 하면서 무심코 시간을 흘려보내는 동안 이미 많은 얼리 어답터가 NFT 시장에 적극적으로 뛰어들고 있습니다.

자본과 기업이 주목하는 것이 곧 메가트렌드가 된다

우리는 남들보다 빠르게 트렌드를 따라가고 유행을 선도하는 사람이 되고 싶어 합니다. 그래서 매해 연말이면 한 해의 트렌드를 돌아보고 다음 해에는 어떤 트렌드가 세상을 주도할지 공부합니다. 트렌드는 어떻게 만들어지는 걸까요? 단순히 생각해 보면 어떤 행동이나 상품 등이 많은 사람에게 추종받거나 소비돼 사회현상으로 이어지면 트렌드가 된다고 볼 수 있습니다. 이런 관점에서 트렌드는 결국 개개인이 모인 다수가 만들어 낸다고 이해할 수 있겠죠. 하지만 시대를 풍미하는 메가트렌드는 본질적으로 자본과 기업이 주도

---

3   구글 트렌드는 특정 단어 검색량을 0에서 100으로 수치화한 것으로 일반 대중의 관심도를 보여줌.

하기 마련입니다.

간단한 예를 들어볼까요? 지금 전기차는 누구도 부인할 수 없는 메가트렌드라고 볼 수 있습니다. 이전에도 전기차를 좋아하는 소수 얼리 어답터들이 있었을 수는 있지만 개인의 힘으로는 절대 자동차 시장에 세계적인 흐름을 만들어 낼 수 없었습니다. 정부의 환경 정책과 자동차 OEM들의 본격적인 개발, 투자에 힘입어 비로소 전기차는 시대를 관통하는 하나의 메가트렌드가 될 수 있었습니다.

아날로그 세상을 스마트한 세상으로 바꾼 스마트폰은 어떨까요. 스티브 잡스*Steve Jobs*가 아이폰을 처음 세상에 공개했을 때 그리고 그것이 한국에 처음 소개됐을 때는 소수 얼리 어답터의 전유물로 여겨졌으며 반응 또한 회의적이었습니다. 2007년 1월 10일 〈매일경제〉는 "애플, 아이폰 공개 소문은 사실이었다"라는 기사를 보도했습니다. 애플이 콘퍼런스에서 발표한 최초의 아이폰 출시 계획을 다룬 기사였습니다. 이 기사의 네이버 댓글에는 "저거 주머니에 들어가기는 할까?(s*****)", "불편해 보인다. 나는 이미 MP3도 갖고 있고 배터리도 오래가고 문자, 통화도 잘되는 한국 핸드폰을 갖고 있는데(w******)", "일반 PDA와 기능이 다를 것이 없다(h******)" 등 부정적인 의견이 줄을 이었습니다.[4] 또 많은 사람이 핸드폰으로 인터넷, 게임, 소비 활동 등을 할 수 있을 거란 사실에 고개를 절레절레

그림 4. 아디다스 자체 NFT ITM 시가총액

젓기도 했습니다. 그런데 애플의 뒤를 이어 삼성이 '옴니아'라는 스마트폰을 세상에 내놓고 통신사에서 스마트폰을 200퍼센트 활용할 수 있는 3G 통신망을 설치하면서 스마트폰은 점차 대중화되기 시작했습니다.

여기서는 전기차와 스마트폰만 예로 들었지만 4차산업혁명과 그로 인해 탄생한 문화들을 생각해 봅시다. 결국 거대 자본과 기업이 새로운 문화를 만들고 그 문화가 대중의 삶을 바꿔나갈 때 그것이 메가트렌드가 된다는 점은 분명해 보입니다.

이처럼 세상을 바꾸고 시대를 주름잡는 메가트렌드는 자본과 기업의 선제적 움직임으로 만들어집니다. NFT는 거대 자본이 물밀듯이 들어오고 많은 기업이 앞다퉈 진출하고 있는 새로운 자산 시장이자 미래의 메가트렌드가 될 블루오션이라고 할 수 있습니다. 이미

---

4   "애플, 아이폰 공개 '소문은 사실이었다'", 김용영 기자, 〈매일경제〉, 2007. 1. 10.

미국 실리콘밸리의 많은 벤처기업이 NFT 사업을 연구하고 있고 나이키, 메타(구 페이스북), 아마존, 테슬라, 구글 등 다양한 글로벌 기업이 NFT 사업에 박차를 가하고 있습니다. 일례로 아디다스에서 자체적으로 발행한 NFT인 'ITM'은 시가총액 1억 달러 이상의 규모를 기록하고 있을 정도입니다. 감히 누가 NFT를 일시적 유행으로 끝나고 마는, 일종의 거품 같은 것이라고 단정 지을 수 있을까요?

~~

왜 NFT를
알아야만 할까?

NFT가 메가트렌드가 될 가능성이 높다는 사실에 공감대가 형성

됐다면 우리가 NFT를 알아야만 하는 이유도 어느 정도 설명이 됐

으리라 생각합니다. 하지만 자본과 기업이 선도하는 메가트렌드라

는 것만으로는 뭔가 부족한 느낌이 든다면 그것도 당연한 일입니

다. '자본도 좋고 기업이 참여하고 있는 것도 좋지만 그렇다고 투자

할 생각도 없는데 NFT를 알아야 할 필요는 없잖아?' 하고 생각하

진 않았나요? 이런 분들을 위해 몇 가지 이유를 좀 더 설명해 보려

고 합니다.

메타버스가 무엇일까?

NFT 이야기를 하다가 갑자기 메타버스라니 뜬금없다는 생각이 들 수 있지만 중요한 내용이니 짚고 넘어가겠습니다.

아마 NFT는 들어본 적 없는 사람이라도 메타버스라는 말은 한 번쯤 들어봤을 것 같습니다. 메타버스^{Metaverse}는 초월, 가상을 뜻하는 '메타^{Meta}'와 세계를 뜻하는 '유니버스^{Universe}'의 합성어입니다. 1992년 출간된 닐 스티븐슨$^{Neal\ Stephenson}$의 소설 《스노 크래시》에 등장한 가상 세계의 명칭 메타버스에서 유래했다고 합니다. 현실을 디지털 세상으로 확장한다는 의미를 갖고 있으며 가상 세계에서 정치, 경제, 사회, 문화 활동을 영위할 수 있게 하는 시스템이라고 볼

그림 5. 닐 스티븐슨 《스노 크래시》 원서 표지

그림 6. 싸이월드 로고

수 있습니다. 좀 더 쉽게 말하면 디지털 공간에 새로운 가상공간을 만들고 그 공간에서 '아바타'(이 개념 역시 《스노 크래시》에서 가장 먼저 사용됐다고 해요)라고 불리는 '가상의 나'를 통해 사람들과 자유롭게 소통하고 생활할 수 있는 다차원 세계라고 할 수 있습니다.

메타버스라는 말이 언론이나 기업에서 본격적으로 사용되고 우리에게 알려진 것은 비교적 최근 일이라 낯설게 느껴질 수도 있지만 알고 보면 우리는 이미 메타버스와 굉장히 친숙합니다. 비단 Z세대만이 아니라 Y세대와 X세대도 그렇다는 걸 알고 있나요?

1990년대 후반~2000년대 초반 학창 시절을 보냈거나 사회생활을 했다면 누구나 알 법한 소셜 네트워크 서비스가 있습니다. 바로 '싸이월드'입니다. 특히 2000년대 초반 성장기를 보냈다면 싸이월드에서 '도토리'를 구매한 경험이 한 번쯤은 있으리라 생각하는데요,

한 권으로 끝내는 NFT 투자 수업

바로 이 싸이월드가 대한민국 최초의 메타버스였다고 볼 수 있습니다. 지금의 메타버스처럼 VR 기기를 사용하거나 홀로그램이 나오는 3차원 공간은 아니지만 2D의 2차원 공간에서 나만의 아바타를 만들고 나만의 공간(미니홈피)을 꾸미고 일촌 맺기와 같은 기능으로 친구를 사귀고 자유롭게 소통했다는 점에서 지금의 메타버스와 의미적으로 같은 궤를 이루고 있다고 볼 수 있죠.

한 번도 안 본 사람은 있어도 한 번만 본 사람은 없다는 영화 〈매트릭스〉 역시 마찬가지입니다. 영화에서 '매트릭스'는 진짜보다 더 진짜 같은 가상현실을 가리킵니다. 인간은 이 매트릭스 속에서 AI에 의해 기억이 조작당해 진정한 현실을 인식할 수 없게 되죠. 여기에 메타버스의 개념과 원리가 녹아 있다고 봐도 무방합니다.

이처럼 메타버스가 도대체 무슨 말인지 모르겠고 요즘 젊은이들이 이상한 놀이에 빠져 있다고만 생각하던 사람조차 사실은 메타버스와 굉장히 가까운 삶을 살아왔을 가능성이 큽니다. 단지 그것을 메타버스라고 사회적으로 규정하는 과정이 없었을 뿐이죠. 아마 Z세대는 싸이월드나 매트릭스는 잘 모를 것입니다. 하지만 태어날 때부터 스마트폰 스크린을 요리조리 돌려가며 사용할 줄 아는 '디지털 네이티브'가 된 Z세대와 그 이후의 알파세대는 '메타버스 네이티브'가 될 것입니다(실제로 이제 막 돌이 지난 제 조카는 벌써 스마트폰을 다룰 줄 압니다). 이전 세대가 어릴 때 놀이터에서 얼음 땡 놀이를 하며 시간을 보냈던 것이 너무나도 당연한 일이었던 것처럼 앞으로의 세대에게 메타버스에서 시간을 보내는 것은 굉장히 자연스럽고 익숙한 일이 될 것입니다. 실제로 최근 몇몇 국내 대학에서는 신입생 설명회를 메타버스에서 진행하고 있고 부동산 중개 플랫폼 직방은 메타버스에 사무실을 두고 직원들이 아바타로 출근을 한다고 하니 정말 귀신이 곡할 노릇이죠!

메타버스의 미래에 관한 이 이야기는 제 개인적 견해에 불과할 수도 있습니다. 하지만 메타버스가 과연 미래의 새로운 문화가 될 것인지, 과연 누가 그렇게 정착시킬 것인지를 우리 관점과 경험에 근거해 논의하는 것은 무의미하다고 생각합니다. 방금 말한 것처럼 새로운 세대에게 메타버스는 특별한 현상이 아닌 지극히 자연스러운 일상이 될 테니까요.

메타버스의 필수품

왜 NFT를 알아야만 하는지 설명한다더니 뜬금없이 메타버스 이야기를 늘어놓은 데는 다 이유가 있습니다. 바로 NFT가 메타버스

채팅하려면 여기를 입 시오

그림 7. 로블록스의 구찌 가든

의 필수품이 될 것이기 때문입니다. 초기 메타버스 모델과 유사하다고 볼 수 있는 싸이월드는 기본적으로 방명록 작성과 채팅 그리고 내게 주어진 공간 꾸미기 정도만 가능했다면 지금의 메타버스는 우리 현실을 그대로 가상에 옮겨놓은 제2의 세상이나 다름없습니다. 그 안에는 다양한 기업, 은행, 백화점, 각종 브랜드의 오프라인 매장 그리고 광고판까지 현실에 존재하는 모든 것이 들어갈 수 있습니다. 우리는 그곳에서 사람들과 소통하고 길거리 광고판을 보기도 하며 은행에 가서 금융 업무를 볼 수도 있을 것입니다. 당연히 내가 좋아하는 패션 브랜드 매장에 들어가 옷을 구매할 수도 있겠죠.

그림 8. 로블록스의 나이키랜드

너무 허무맹랑한 이야기 아니냐고요? 실제로 이미 지난해 5월 미국 대표 메타버스 기업인 로블록스의 메타버스 서비스에서 '구찌 가든'이 공개돼 많은 사람이 전시회를 관람했고 같은 해 11월에는 '나이키랜드'도 구축됐습니다.

로블록스의 메타버스에 세워진 나이키랜드에서는 사용자들이 자신의 아바타에 나이키 제품을 입히고 나이키 본사를 본뜬 공간에서 다양한 게임을 즐길 수도 있습니다. 나이키가 메타버스에 얼마나 진심인지 보여주는 징표도 있습니다. 바로 지난해 나이키에서 미국 특허청에 가상 운동화, 가상 의류 제품에 대한 상표권을 다수 등록했다는 점이죠.

한 권으로 끝내는 NFT 투자 수업

이렇게 메타버스가 우리가 사는 실제 세계를 완벽하게 재현한 또 다른 현실이라고 생각했을 때 오버랩해 볼 수 있는 요소들이 있습니다.

화폐와 콘텐츠로서의 NFT

우리가 현실에서 소비 활동과 경제활동을 영위하는 데 반드시 필요한 것이 있습니다. 바로 모든 활동의 매개가 되는 '화폐'와 활동의 직접적 대상이 되는 '콘텐츠'입니다. 친구들과 함께 사 먹는 맛있는 음식, 계절마다 새롭게 장만하는 옷, 좀 더 편리한 생활을 위해 필요한 각종 디지털 기기, 심심한 주말을 즐겁게 보내기 위한 재밌는 영화 등 사실 우리가 살아가는 모든 시간 속에서 누리는 모든 것이 콘텐츠라고 볼 수 있습니다. 그리고 그 콘텐츠를 이용하기 위해 반드시 필요한 것이 화폐죠. 우리가 매일같이 열심히 일하는 이유 중 하나는 내가 원하는 콘텐츠를 자유롭게 소비하기 위해 필요한 돈을 버는 것이라는 사실에 이의를 제기하는 사람은 1명도 없을 것입니다.

그럼 제2의 현실 세계나 다름없는 메타버스 세상은 어떨까요? 그

곳에도 현실과 똑같이 우리 생활을 채워줄 무수히 많은 콘텐츠가 있을 것이고 소비를 매개하는 화폐가 필요할 것입니다. 피상적인 이야기처럼 들릴 수도 있지만 우리가 즐기는 게임이나 온라인 커뮤니티를 생각해 보면 쉽게 이해할 수 있습니다. 게임을 예를 들어볼까요? 게임 속에서 우리는 레벨을 올리거나 다양한 유저들과의 경쟁을 통해 게임 화폐인 사이버머니를 모읍니다. 그 사이버머니로 내 캐릭터를 강하게 만들 수 있는 아이템을 구매하거나 각종 꾸미기 아이템을 수집하죠. 온라인 커뮤니티도 마찬가지입니다. 화폐로 사이버머니를 구매하고 그 돈으로 가상 세계의 내 분신인 아바타를 꾸밀 수 있는 아이템들을 구매합니다. 메타버스가 기존 게임이나 온라인 커뮤니티보다 더욱 현실과 맞닿아 있는 가상공간이라는 점을 고려했을 때 메타버스 공간에도 비슷한 생태계가 구성되리라고 예상할 수 있습니다. 아니, 엄밀히 말하면 현실을 그대로 옮겨놓은 듯한, 현실과 흡사한 생태계가 구성될 것입니다.

현실의 많은 기업이 메타버스에 디지털 매장을 열겠죠. 앞에서 살펴본 나이키랜드처럼 다양한 브랜드가 자신의 상품과 브랜드 정체성을 홍보할 수 있는 메타버스 매장을 열 테고 은행이나 증권사도 메타버스에서 개인 금융 업무를 볼 수 있는 지점을 만들지 모릅니다. 광고가 필요한 회사들은 어떨까요? 메타버스에 전광판을 세우고 자신들의 제품이나 활동을 광고할 것이 분명합니다.

여기까지의 이야기를 공감하며 읽었다면 여러분은 메타버스 세상의 콘텐츠를 이해하게 됐다고 볼 수 있습니다. 이 모든 것이 다 메타버스 세상의 콘텐츠니까요.

현실과 메타버스의 차이

그런데 메타버스의 콘텐츠와 현실의 것 사이에는 큰 차이점이 하나 존재합니다. 바로 '디지털' 혹은 '가상'의 것이라는 점입니다. 예를 들어 현실에서 우리가 어떤 옷을 산다면 누가 그 옷을 훔쳐 가거나 내가 버리지 않는 이상 그 옷이 쥐도 새도 모르게 사라질 가능성은 희박합니다. 하지만 디지털 혹은 가상 세계에는 예로부터 지금까지 도난뿐 아니라 증발과 해킹의 위험이 존재합니다.

열심히 게임을 해서 좋은 아이템들을 얻었다고 가정해 볼까요? 그 게임의 개발사가 갑자기 부도가 나면서 서비스를 종료하면 그동안 셀 수 없이 많은 시간과 노력을 들여 모은 아이템들이 언제 존재했느냐는 듯 사라지고 맙니다. 아바타도 마찬가지입니다. 앞서 메타버스의 원조로 소개한 싸이월드에서도 많은 이용자가 도토리를 구매해 각종 BGM과 꾸미기 아이템을 구매했지만 서비스가 종료되면서 그 모든 것이 순식간에 사라졌죠.

또 하나 해킹의 위험도 도처에 도사리고 있습니다. 해커들이 만든 해킹 프로그램에 감염돼 디지털 자산을 도난당하는 사건은 제가 예를 들지 않아도 될 만큼 일상에서 흔하게 접할 수 있습니다. 게임 내 재화뿐만이 아닙니다. 한때 한국을 떠들썩하게 한 '랜섬웨어'도 회사에서 보유 중인 각종 문서나 이미지 등을 포함한 디지털 자산을 무용지물로 만들어 버리는 해킹의 일환이었다는 점에서 디지털 콘텐츠의 취약성을 보여주는 사례 중 하나입니다. 이런 면에서 볼 때 메타버스에서 우리가 수집 혹은 구매할 콘텐츠도 디지털 혹은 가상의, 즉 프로그래밍 코드로 만들어진 디지털 재화라는 점에서는 얼마든지 해킹과 증발의 위험에 노출돼 있는 게 사실입니다. 똑똑한 천재 해커가 프로그래밍 코드를 해킹하고 변경해 여러분의 디지털 자산을 훔쳐 가는 것은 생각보다 굉장히 쉬운 일이거든요.

그래서 안정적인 메타버스 세상을 구축하기 위해 반드시 필요한 것이 NFT입니다. NFT의 상세한 의미는 뒤에서 차근차근 설명할 테지만 여기서 간단하게 말하자면 NFT는 해킹이나 위·변조가 불가능한 디지털 자산이라고 할 수 있습니다. 블록체인이라는 고도의 안정성과 복잡성을 지닌 기술로 만들어지는 NFT의 특성상 디지털 혹은 가상이라는 출발점은 동일하지만 기존 디지털 콘텐츠의 문제점을 완벽하게 해결할 수 있죠. 따라서 현재 구축되고 있는 다양한 메타버스는 그 세계 속 많은 콘텐츠를 'NFT화'하고 있습니다. 즉, 메타버스라는 거대한 미래 물결 속에서 NFT는 우리가 소비할 모든 종류의 콘텐츠 역할을 할 것입니다.

그렇다면 콘텐츠를 소비할 수 있는 화폐는 무엇이 될까요? 단순하게 생각하면 지금처럼 신용카드로 원화나 달러를 결제하는 방식이 되지 않을까 싶겠지만 메타버스에서 NFT라는 콘텐츠를 즐기는 데는 암호화폐가 더 많이 사용될 것입니다. 사실상 암호화폐를 주류 통화로 봐도 무방할 듯합니다. 메타버스는 기본적으로 국경 없이 모든 국가의 이용자들이 참여할 수 있는 공간입니다. 그 안에서 실시간으로 수없이 많은 구매와 소비 활동이 일어나죠. 그런데 다양한 국가의 이용자들이 각각의 통화를 사용한다면 그 행위를 할 때마다 결제 플랫폼 분산이나 환율 차이로 인한 여러 가지 문제가 발생하겠죠. 근본적으로 사용되는 통화 수를 줄이는 것이 가장 중요한 문제일 수밖에 없습니다.

과연 이용자들이 모두 만족할 수 있는 통화는 무엇이 있을까요? 한국 기업이 만든 메타버스 플랫폼은 원화를 기준으로, 미국 기업이 만든 메타버스 플랫폼은 달러를 기준으로 삼으면 될까요? 이런 방식으로 거래를 한다면 아마 국가 간에 또 다른 경쟁이 발생하고 그로 인해 더 복잡한 문제들이 파생될 것입니다.

우리는 이 지점에서 NFT의 본질을 떠올려야 합니다. NFT의 기술적 바탕은 암호화폐와 마찬가지로 블록체인입니다. 현재 대부분의 NFT가 암호화폐로 거래되는 것만 봐도 알 수 있는 사실이죠. 앞서 말한 것처럼 메타버스 세상의 모든 콘텐츠가 NFT화될 것이라는 점을 생각해 봤을 때 메타버스 속 콘텐츠를 소비하기 위해 암호화폐를 사용하리라고 자연스럽게 추측해 볼 수 있습니다.

이제 우리가 NFT를 반드시 알아야만 하는 이유가 명확해졌습니다. 다가올 메타버스 세상의 모든 구성 요소가 NFT로 만들어질 텐데 설령 NFT 투자에 관심이 없다고 하더라도 기본적인 개념과 작동 원리 정도는 꼭 이해하고 있어야 사회 구성원으로 살아갈 수 있다는 뜻이니까요. 2022년 5월 기준 구글에서 메타버스, NFT 관련 기사를 검색하면 결과만 무려 약 52만 개가 나옵니다. 그만큼 여기에 대한 사회적 관심이 높다는 뜻입니다. 그중 2021년 12월 27일 〈한국경제〉 기사에 따르면 "대부분의 전문가들은 2022년을 이

<hr />

5   "2022년 이끌 메타버스, 핵심 기술은 'NFT'", 소대섭 한국과학기술정보연구원 책임연구원(공학박사), 〈한국경제〉, 2021. 12. 27.

끌어 갈 신산업으로 메타버스를 꼽고 있"으며 '이를 받쳐줄 핵심 산업·기술로서 대체불가능한 토큰, 즉 NFT에 주목하고 있다'고 합니다.[5] 또 2022년 3월 20일 〈머니투데이〉와의 인터뷰에서 이스라엘 블록체인 인프라 서비스 제공 업체 오브스의 랜 해머 *Ran Hammer* 부사장은 '페이스북, 애플, 마이크로소프트 같은 기술 대기업과 소셜 미디어, 개인 사업이 메타버스 기술을 선도할 것'이며 "NFT는 메타버스의 문을 열 수 있는 특별한 가상의 열쇠"라는 견해를 밝히기도 했습니다.[6] 즉, NFT를 메타버스 산업의 발전과 성장을 위한 핵심 요소로 보고 있는 것이죠. 메타버스 공간이 NFT라는 콘텐츠로 채워지는 순간 모든 이용자와 공급자가 상호 신뢰를 바탕으로 경제활동을 영위할 수 있습니다. 여기서 더 나아가 NFT는 메타버스와 현실을 이어주는 징검다리 역할을 하게 될 것입니다.

[6] "메타버스 NFT, 조만간 '생활의 일부' 된다", 조철희·김상희 기자, 최성근 전문위원, 〈머니투데이〉, 2022. 3. 20.

NFT,
너는 누구니?

‘대체 불가능한 토큰’이라니 대체 무슨 뜻일까?

NFT 초격차

앞서 언급한 대로 NFT는 제가 경험한 그 어떤 새로운 시장보다 아는 사람과 모르는 사람의 격차가 가장 빠르고 급격하게 벌어지고 있는 시장입니다. 전문 주식투자자이자 투자 자문업자로 활동하고 있는 저는 일반인에 비하면 새로운 자산 시장, 새로운 마켓플레이스 등에 관련한 정보를 빠르게 얻는 편입니다. 그래서 프롤로그에서 말한 대로 NFT 시장 역시 일찌감치 알게 됐던 것입니다. 그런데 역대 그 어떤 시장보다 빠르게 성장하고 변화하는 NFT 시장을 알고 있는 사람은 생각보다 별로 없습니다. 주변 지인들을 만나 "너

NFT 알아?"라고 물어보면 아마 지금의 NFT 초격차를 몸소 느낄 수 있을 것입니다. 대체 왜 그런 걸까요?

이는 지금부터 이야기해 볼 NFT의 의미와도 관련이 있는데요, 결론부터 말하면 NFT가 블록체인 기술 기반의 새로운 영역이다 보니 태생 자체가 너무 어렵기 때문입니다. 블록체인이라는 개념도 생소하고 어려운데 그 블록체인을 기반으로 다른 의미가 더해지니 아무리 이해하려고 노력해도 점점 더 미궁으로 빠지고 마는 것이죠. 책을 쓰고 있는 저조차도 블록체인 기술의 메커닉*Mechanics* 혹은 알고리즘에 관해 쓰라고 한다면 아마 한 줄도 채 적지 못할 것입니다. 하지만 우리는 블록체인 업계에 종사하는 사람이 아니므로 NFT 시장을 이해하고 즐길 수 있는 정도로만 용어들을 이해해도 충분합니다. 그리고 우리가 지레 겁먹는 것보다 훨씬 쉽게 NFT와 블록체인을 이해할 수 있습니다. NFT는 우리의 본성, 인간의 본능적 욕구와 굉장히 많은 부분을 공유하고 있기 때문이죠.

NFT: Non-Fungible Token

NFT는 'Non-Fungible Token'의 약자로 한국말로는 '대체 불가

능한 토큰'이라는 뜻입니다. 따라서 NFT가 무엇인지 이해하기 위해서는 '대체 불가능'과 '토큰'의 의미를 이해해야 합니다. 그럼 먼저 '대체 불가능'에 관한 이야기를 나눠볼까요?

'대체 불가능하다'는 말을 들었을 때 어떤 이미지가 먼저 떠오르나요? 일단 대체 가능하다는 것이 무엇인지 생각해 봐야겠죠. 현실에 존재하는 모든 재화는 일정한 가치를 지닙니다. 이 가치는 돈이라는 개념에 의해 숫자로 정의되는데 재화마다 지니고 있는 본질적 가치가 서로 다르기 때문에 어떤 것은 다른 것으로 대체할 수 있지만 어떤 것은 대체할 수 없습니다.

예를 들어보겠습니다. '1000원'이라는 지폐는 사회적 합의에 의해 '1000원'이라는 값어치를 지닙니다. 우리가 갖고 있는 1000원짜리 지폐는 어떤 시간, 장소, 상황에서든 다른 1000원짜리 지폐와 동일한 가치라는 뜻이죠. 즉, 지금 여러분 지갑에 있는 1000원짜리 지폐는 다른 누군가의 1000원짜리 지폐와 동일하다는 것이고 몇 번이든 마음껏 교환해도 그 가치에는 변함이 없다는 것입니다. 그리고 내 1000원짜리 지폐가 다른 사람의 1000원짜리 지폐와 완벽하게 동일하다는 것은 곧 '대체 가능하다'는 뜻이 됩니다. 쉽게 말해 교환이 가능하다고 볼 수 있습니다.

하지만 다이아몬드는 어떨까요? 물론 다이아몬드도 앞서 말한 것처럼 사회적 합의에 따라 '○○○원'이라는 금액으로 가치가 산정되기는 합니다. 하지만 여러분이 다이아몬드 A를 갖고 있다고 가정해 봅시다. 다이아몬드 A는 크기가 3캐럿, 가공된 정도는 B급입니다. 가격은 1억 원이라고 해볼까요? 종로 보석 상가에 있는 엔모 보석상 주인 엔모는 다이아몬드 B를 갖고 있습니다. 크기는 다이아몬드 A보다 조금 작은 2캐럿이지만 가공된 정도는 A급으로 평가돼 가격은 1억 원으로 책정돼 있습니다. 자, 이렇게 다이아몬드 A와 다이아몬드 B가 똑같이 1억 원이라는 값어치로 정의돼 있으니 서로 대체 가능할까요? 다시 말해 여러분은 다이아몬드 A를 엔모의 다이아몬드 B와 아무 거리낌 없이 바꿀 수 있나요? 아마 누군가는 이 둘을 바꾸려고 하지 않을 것입니다. 저마다 이유는 다르겠지만 어떤 이유에서든 다이아몬드 A는 다이아몬드 B와 본질적으로 같지 않기 때문이고 따라서 다이아몬드는 무조건적인 상호 교환이 불가능한, 즉 '대체 불가능한' 재화가 되는 것입니다.

이렇듯 세상에는 대체 가능한 재화와 대체 불가능한 재화가 공존하고 있습니다. 그리고 가격이라는 것은 대체 불가능한 재화를 실생활에서 좀 더 편리하게 통용할 수 있도록 사회적 합의에 의해 정한 것일 뿐이죠. NFT에서 이야기하는 논펀지블 $^{Non-Fungible}$, 대체 불가능의 의미도 이와 같습니다. 모든 NFT는 서로 대체 불가능한 형태로 만들어집니다. 더 쉽게 이야기하면 이 세상에 서로 같은 다이아몬드가 존재하지 않는 것처럼 서로 같은 NFT도 존재하지 않는다는 뜻입니다. 한마디로 '고유하다'고 할 수 있죠. 마치 이 세상에 나와 똑같은 사람은 존재하지 않기에 내가 고유한 존재인 것처럼 말입니다.

일련번호로 만들어지는 고유함

나라는 존재의 고유함은 외모, 체형, 성격, 말투, 유전자 등의 구성 요소를 통해 보장됩니다. 다이아몬드 하나하나의 고유함은 가공 정도, 빛의 굴절 정도, 구성 성분 비율, 크기 등의 구성 요소를 통해 보장됩니다. 그럼 NFT의 고유함은 어디에서 생길까요? 일종의 '일련번호'를 통해 형성됩니다. 지금부터는 한정판, 리미티드 에디션 같은 개념을 머릿속에 떠올리면서 글을 읽으면 도움이 되리라고 생각합니다.

일련번호로 만들어지는 고유함이라는 말이 낯설게 들릴 수도 있지만 사실 우리는 이런 식으로 고유성을 부여하고 희소가치를 만들어 내는 데 굉장히 익숙합니다. 이는 인간의 본능, 즉 희소한 것을 소유함으로써 경제력 혹은 사회적 지위를 나타내거나 내면의 만족감을 얻고자 하는 욕구를 자극하는 방식으로 우리 일상생활에서 많이 찾아볼 수 있습니다. 아마 이 책을 읽는 독자 중에도 남들이 쉽게 가질 수 없는 희소한 것에 대한 일종의 소유욕 혹은 로망 같은 것이 있는 사람이 분명 있으리라고 생각합니다. 어떤 사람은 고급 스포츠카에 대한 로망이, 어떤 사람은 명품 가방이나 시계, 또 어떤 사람은 세상에 단 하나밖에 없는 유명 화가의 미술 작품에 대한 로망이 있을 수도 있습니다. 세계적 그룹 방탄소년단^{BTS}의 멤버 RM도 미술 애호가로 잘 알려져 있죠. 왜 우리는 이토록 희소하고 희귀한 것에 소유욕을 느낄까요? 여기에 관해서는 여러 심리학 서적이나 인간 본성을 연구한 논문들을 찾아보면 구체적으로 알 수 있겠지만 이 책에서는 그 정도로 깊게 다루지는 않겠습니다. 우리는 그저 '맞아, 인간은 그런 욕구 혹은 욕망을 타고났어' 하는 정도의 공감대만 형성하면 충분합니다.

간단한 예시를 통해 단계적으로 이해해 봅시다. 전 세계적으로 유명한 명품 패션 브랜드 A가 있다고 가정해 보겠습니다. A 브랜드에서 신상 가방 B를 출시하기로 하면서 A 브랜드 공장에서 B라는 모델이 생산되기 시작합니다. 그리고 곧이어 우리나라의 명동, 압구정 등에 있는 백화점의 A 브랜드 매장에 B 가방이 진열되기 시작합니다. 아울러 B 가방은 A 브랜드가 보유한 전 세계 모든 매장에 전시됩니다. A 브랜드는 명품 브랜드라 다른 대중적인 브랜드에서 출시한 상품보다 기본적으로 희소가치가 높게 평가됩니다. '가격'을 통해 만들어지는 희소성이죠. 하지만 한국 백화점에 진열된 B 제품과 미국 백화점에서 판매되는 B 제품은 본질적으로 다르지 않습니다. 대체 가능한 것이죠.

그런데 어느 날 A 브랜드에서 돌연 새로운 판매 전략을 발표합니다. "B 가방에 대한 고객 반응이 폭발적이어서 B 가방 콘셉트를 계승한 C 가방을 새롭게 출시할 예정입니다. 대신 C 가방은 한정 상품으로 전 세계에서 단 100개만 판매하겠습니다"라고요. 이 경우 B 가방과 원재료도 디자이너도 심지어 품질도 크게 차이 나지 않는 C 가방이지만 희소성은 비교할 수 없을 정도로 높아집니다. 너무나도 당연한 이야기죠. 전 세계에서 단 100명만이 C 가방을 가질 수 있으니까요! 경제적 여유가 충분한 사람 중 일부는 그 100명 안에 들기 위해 더 높은 비용을 지불하고서라도 C 가방을 사려고 할 것입니다. 이때 C 가방의 희소성은 '가격'과 '개수'를 통해 만들어집니다.

한 걸음 더 나아가 보겠습니다. 다시 A 브랜드의 총괄 마케터가 새로운 전략을 발표합니다. "C 가방이 잘 팔리니 똑같은 방식으로 D 가방을 100개 한정으로 출시하되 이번에는 생산된 순서대로 가방에 1~100번까지 번호를 부여하겠습니다"라고 말이죠. 이 경우 D 가방은 전 세계에서 100개만 생산됨과 동시에 각 가방에 생산 순서대로 1번부터 100번까지의 번호가 붙여집니다. C 가방은 개수를 통해 희소성이 만들어지지만 100개의 가방 간에는 B 가방과 마찬가지로 대체 가능하다는 특성이 있습니다. C 가방을 가진 사람들끼리는 서로 가방을 바꿀 수 있죠(품질이나 상태가 동일하다는 조건하에서요). 그런데 D 가방은 이야기가 좀 다릅니다. 상상해 볼까요? 여러분이 어떤 세계적인 명품 브랜드에서 단 100개만 생산한 한정판 제품을 갖게 됐는데 심지어 그 제품에 세상에서 가장 먼저 생산된 제품임을 뜻하는 번호 '1번'이 붙어 있다고요! 상상만 해도 즐겁지 않나요? 만약 누군가 100번 가방을 들고 와 "똑같은 가방인데 바꾸는 게 어때?"라고 물어본다면 아마 그 누구도 바꾸려고 하지 않을 것입니다. 일련번호가 붙는 순간 완벽하게 똑같은 제품이라도 희소성이 달라지고 나아가 대체 불가능한 성질을 갖게 됩니다. 이 경우 '가격'과 '개수'로 인한 희소성에 '고유성'이라는 특성이 결합되면서 대체 불가능한 것이 됩니다.

위 사례를 통해 우리가 생각할 수 있는 점은 결국 대체 불가능함에는 가격이나 개수도 영향을 미치지만 고유성이 가장 중요한 전제 조건이 된다는 것입니다. NFT라는 단어에 포함된 논펀지블도 마찬

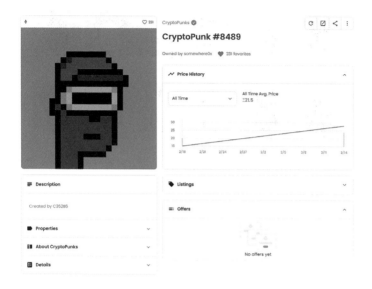

그림 9. 크립토펑크 #8489의 오픈시 프로필

가지입니다. 일련번호를 통해 고유성이 부여되기 때문에 대체 불가능하다는 의미가 더해지는 것입니다. 실제로 지금 인터넷에 접속해 아무 NFT나 검색해 보면 바로 일련번호를 확인할 수 있습니다. '○○○○○ #1234'와 같이 해당 NFT 작품 이름 뒤에 일련번호가 붙어 있죠.

〈그림 9〉는 전 세계를 뜨겁게 달구며 NFT 시대의 서막을 알린 '크립토펑크^{CryptoPunk}'라는 NFT 컬렉션 중 하나입니다. 그림 오른쪽에 'CryptoPunk #8489'로 일련번호가 부여돼 있는 걸 볼 수 있습

그림 10. 크립토펑크 NFT 컬렉션 오픈시 프로필

니다. 이 NFT는 총 1만 개 컬렉션을 만들었습니다(개수를 통한 희소성). 그리고 〈그림 9〉의 NFT는 그 컬렉션 중 '8489'번째로 생산된 NFT입니다.

이 NFT 컬렉션에 포함된 1만 개의 NFT는 모두 생김새가 다릅니다. 1번부터 1만 번까지 번호에 따라 모두 다른 모습이 설정되죠(고유성을 통한 희소성). 1만 개의 컬렉션 중 똑같이 생긴 건 단 하나도 없습니다.

이처럼 앞으로 우리가 만나게 될 모든 NFT는 총발행개수를 제한해 두고 거기에 일련번호를 부여함과 동시에 각 번호의 NFT가 저마다 다른 형태로 구성됨으로써 완벽하게 고유해집니다. 이를 통해 대체 불가능함의 의미를 구현하는 것이죠. NFT의 NF, 논펀지블이 의미하는 대체 불가능을 한 줄로 요약하면 '일련번호를 통해 다른 것으로 대체할 수 없는 고유성을 만들어 내는 것'이라고 할 수 있겠습니다.

무엇이든 구현할 수 있는 기술, 토큰

다음으로 우리가 살펴볼 것은 T, 토큰^{Token}입니다. 토큰은 우리가 암호화폐를 이야기할 때 많이 쓰는 '코인'과는 다른 개념입니다. 대부분의 사람들이 평소 코인과 토큰을 혼용해 사용하기는 하지만 엄밀히 따지면 서로 의미가 다릅니다. 간단히 말해 독자적인 블록체인 기술이 있는 암호화폐는 코인, 다른 블록체인 기술을 활용해 화폐만 만들어 내는 경우 토큰이라고 합니다.

너무 어렵나요? 맞아요. 저도 어렵습니다. 사실 토큰의 뜻을 찾아보면 대부분 이런 비교로 설명을 시작합니다. 블록체인 유무와 토큰과 코인의 차이점 말이죠. 암호화폐 투자를 주로 하는 트레이더들이나 블록체인 업계에 종사하는 전문가들에게는 상당히 중요한 개념적 차이이자 반드시 이해하고 넘어가야 하는 내용입니다. 기술적으로 코인과 토큰을 발행하고 추후 운영도 해나가야 하는 개발진^{DEV}이라면 더욱 정확하게 알아둬야 하는 부분이기도 합니다. 하지만 NFT 제작과 수집 활동에 집중할 우리에게는 기술적 배경 이해가 필수적이지는 않습니다.

다만 토큰에서 우리가 반드시 알고 넘어가야 하는 것이 있습니다. 바로 토큰이 '디지털화된 파일'이라는 점입니다. 즉, 디지털 공간에서 구현 가능한 모든 형태의 파일을 토큰으로 이해할 수 있습니다. 우리가 흔히 NFT 하면 떠올리는 'jpeg', 'png' 형태의 이미지 파일이 될 수도 있고 음성, 영상, 3D, 모션 등 구현 가능한 모든 형태의 파일이 토큰의 범주에 포함됩니다. 토큰이 디지털화된 모든 형태의 파일을 지칭하는 기술적 개념이라는 점은 앞서 말한 것처럼 메타버스의 모든 콘텐츠가 NFT화되리라는 예측을 뒷받침하는 것입니다.

NFT의 시작이라고 불리는 크립토펑크의 경우 픽셀*Pixel* 형태의 단순한 이미지 파일이었습니다. 언론, 미디어 등 대중매체를 통해 NFT를 본격적으로 알린 미국 사진작가 비플*Beeple*의 NFT 작품 '에브리데이즈: 첫 5000일의 기록*Everydays: The First 5000 Days*' 역시 작가가 촬영한 사진들을 한데 모아 1장의 이미지로 만든 이미지 파일이었습니다.

하지만 NFT는 단순한 2D 이미지 파일에서 점차적으로 발전해움직임이 있는 애니메이티드*animated* NFT, 3D 형태로 구현한 3D

NFT 그리고 음성 NFT까지 그 형태가 다양해지고 있습니다. 시간이 지날수록 디지털로 구현 가능한 형태의 파일이라면 모두 NFT화될 수 있을 것입니다.

결론적으로 NFT, 대체 불가능한 토큰의 의미를 한 줄로 정리해보면 '일련번호 형태로 고유함을 지닌 구현 가능한 모든 형태의 디지털 파일' 정도가 되겠습니다. 그런데 사실 이런 정의에는 결함이 하나 있습니다.

블록체인으로 보호되는
온전함

예술계의 고질적 문제, 위작과 모조품

앞서 살펴본 명품 브랜드의 가방 비유에서 우리는 희소성과 고유성이 만들어 내는 가치를 이해했습니다. 한정된 개수와 일련번호로 재화의 가치는 희소하고 고유한 것이 되며 그 고유성과 희소성으로 많은 사람이 갖고 싶어 하는 가치성을 지닙니다. 얼핏 보면 누구나 고개를 끄덕거리게 되고 반론을 제기하기가 어려울 듯합니다. 실제로 일상생활에서 이와 유사한 경험을 수차례 해봤으니까요.

하지만 이런 맥락에서 NFT가 그렇게 높은 가치를 갖고 세상의 관심을 한 몸에 받는 대상이 되려면 확실히 해야 할 부분이 하나 있습니다. 바로 고유성을 어떻게 보장할 것인가에 관한 문제입니다. 한정된 개수와 일련번호가 희소함과 고유성을 부여해 주는 것은 사실이지만 그것이 높은 가치로 연결되기 위해서는 사회 구성원 사이에 '희소하다'는 것에 대한 합의가 필요합니다. 과연 NFT의 희소성은 어떻게 보장될까요? 그것이 정말 희소하고 고유할까요?

이 질문에 대한 답은 바로 NFT의 근본 기술인 블록체인에서 찾을 수 있습니다. 그런데 블록체인 기술을 이야기하기 전에 잠시 예술 분야 이야기를 해야 할 듯합니다. 대체 불가능한 토큰이라는 NFT의 용어적 정의에서 우리가 파악한 핵심은 '고유하고 희소하다'는 것이었죠? 바로 이런 특성으로 인해 사람들이 열광하고 관심 갖는, NFT보다 우리에게 더 친숙한 분야가 바로 예술이기 때문입니다. 예술품의 가치는 그것이 얼마나 고유하고 희소한지에 따라 수백만 원에서 수백억 원은 거뜬히 상회하기도 합니다.

〈그림 11〉은 삼성그룹 총수였던 고 이건희 회장의 컬렉션 중 하나로도 유명한 이중섭 화가의 작품 〈황소〉입니다. 이 작품은 세상에 단 하나밖에 없는 그림이라 희소하고 이중섭 화가의 친필 사인이 돼 있어 고유하기도 합니다. 그리고 대중은 이 작품을 '세상에 단 하나밖에 없는 그림이며 이중섭 화가의 진품이다'라고 믿고 있죠. 그래서 그 값도 아주 높게 매겨졌습니다.

그림 11. 이중섭 〈황소〉

하지만 예술계에 존재하는 모든 예술품이 다 이 작품처럼 고유하고 희소한 것은 아닙니다. 예술계에서는 고유함과 희소함을 보장하기 위해 오래전부터 진품 인증서를 발급해 진품임을 증명하거나 혹은 감정사에게 진품 여부를 감정받아 왔습니다. 하지만 진품 인증서나 감정사의 감정 의견은 모두 구성원의 합의를 기반으로 할 뿐 100퍼센트 객관성을 지닌다고 보기는 어렵습니다. "감정사가 진짜라고 하면 진짜인 것으로 하자", "정품 인증서가 있다면 정품이라고 하자"라고 합의가 돼 있는 것이지 객관적이고 물리적으로 100퍼센트 진품임을 인증해 주는 수단은 될 수 없다는 뜻입니다.

그림 12. 뉴욕 노들러 갤러리에서 판매한 마크 로스코의 위작

실제로 넷플릭스 다큐멘터리 〈당신의 눈을 속이다: 세기의 미술품 위조 사건*Made You Look: A True Story About Fake Art*〉은 165년 역사의 명망 있는 뉴욕 갤러리 노들러 갤러리를 문 닫게 한 미국 사상 최대 미술품 사기 사건의 전말을 다루고 있습니다. 노들러 갤러리는 1995년부터 2008년까지 무려 10여 년에 걸쳐 60여 점, 약 8000만 달러어치의 위작을 유통했습니다. 위작을 구입한 피해자 중에는 세계적 미술품 경매 기업 소더비 회장인 도메니크 드 솔레 Domenico De Sole도 있었는데, 마크 로스코Mark Rothko의 위작을 830만 달러에 구입했다고 합니다. 내셔널 갤러리, 뉴욕현대미술관까지도 속았다고 하죠.

과연 노들러 갤러리나 유명 미술관에서 예술품을 구입할 때 진품 인증서 혹은 감정사의 의견을 확인하지 않았을까요? 결국 예술계의 고질적 병폐 중 하나로 여겨지는 위작과 모조품 문제는 모두 고유성과 희소성을 물리적이고 객관적으로 증명해 내는 수단이 없기 때문에 생기는 것이라고 할 수 있습니다.

모든 데이터가 기록된다

이와 같은 본질적인 문제를 완벽하게 해결해 줄 수 있는 것이 바로 NFT와 블록체인 기술입니다. NFT와 블록체인이 고유성과 희소성을 물리적이고 객관적으로 보장하는 방법은 생각보다 간단합니다. 바로 해당 작품(혹은 NFT)과 관련된 모든 기록을 저장해 두

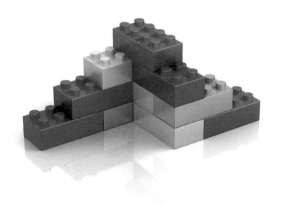

그림 13. NFT는 레고 블록처럼 관련 데이터가 쌓이고 연결된다.

는 것입니다. 작가가 NFT를 만드는 순간 그 NFT에 관한 모든 데이터가 하나의 블록으로 만들어집니다. 해당 NFT를 만든 작가 이름, 제작 시기(날짜는 물론 시간까지도), 작품 형태 등 모든 정보가 각각의 블록으로 저장됩니다. 이 블록을 작품(혹은 NFT)과 관련해 가장 처음 생성되는 1번 블록이라고 가정해 보겠습니다. 이후 작가가 NFT를 A라는 구매자에게 판매하면 판매 관련 데이터가 2번 블록으로 만들어집니다. 누구로부터, 누구에게, 언제, 얼마에 거래됐는지 등의 모든 데이터가 기록된 블록입니다. 그리고 이 2번 블록은 1번 블록 뒤에 연결됩니다. 마치 우리가 어릴 적 즐기던 〈그림 13〉의 레고 블록처럼 말입니다.

이후에도 해당 작품과 관련된 모든 데이터가 특정 행동(혹은 사건)이 발생할 때마다 하나씩 블록으로 만들어져 차곡차곡 연결됩니다. 이렇게 블록들이 연결돼 있다고 해서 블록체인이라고 부르는 것입니다. 모든 블록이 체인처럼 이어져 있기 때문에 누군가 데이터를 임의로 변경하려면 연결된 모든 블록의 데이터를 다 변경해야 합니다. 그리고 또 하나, 블록체인의 블록 데이터는 누구든, 언제 어디서든 열람할 수 있도록 돼 있습니다. 즉, 누군가 임의로 데이터를 변경하기도 어려울뿐더러 특정 데이터를 변경하면 그 데이터를 열람할 수 있는 모두가 데이터가 변경됐다는 사실을 쉽게 알아차릴 수 있죠. 실제로 블록체인에 생성되는 데이터양은 우리가 측정하기 어려울 정도로 많아 지금 이 순간에도 수십, 수백만의 블록이 생성되고 있습니다. 특정 데이터를 변경하기 위해 체인으로 연결된 모든 데이터를 변경하는 것은 물리적으로 불가능하다는 뜻입니다. 다시 말해 NFT는 훼손이 불가능하다는 의미가 되죠.

앞서 소개한 노들러 갤러리 사건을 NFT로 재구성하면 이런 시나리오를 그려볼 수 있습니다.

1. 사기꾼 A가 로스코의 위작 NFT를 노들러 갤러리에 3억 원에 판매하려고 한다.

2. 갤러리에서 해당 NFT 블록체인 데이터를 살펴보니 'A가 이 NFT를 모조품 가게에서 3만 원에 구입했다'는 기록이 남아 있다.

3. 다른 기록을 추가로 살펴보니 '이 NFT는 로스코가 아닌 김 아무개가 만들었다'고 기록돼 있다.

4. 노들러 갤러리는 사기꾼 A를 신고하고 위작으로 인한 피해를 모면할 수 있었다.

이처럼 NFT는 블록체인이라는 기술적 이점을 통해 작품의 고유성을 완벽하게 증명해 주기 때문에 그 희소성 역시 안전하게 보장받을 수 있습니다. 고유성이 훼손되지 않는다는 점은 예술품 수집가 혹은 NFT 컬렉터들의 마음을 사로잡았죠. 물론 수집가들에 한정된 이야기는 아닙니다. 예술 분야를 예로 설명했지만 사실 희소성을 보장하는 문제는 부가가치를 창출하고 비즈니스를 영위하는 모든 분야에 해당되는 이야기입니다. '어떻게 하면 더 희소한 가치를 더 안전하게 오래도록 보전할 수 있을까' 하는 문제는 많은 기업의 고민이기도 합니다. 이런 이유에서 비단 개인 컬렉터뿐 아니라 많은 기업이 미래 먹거리 중 하나로 블록체인이라는 새로운 기술과 NFT라는 콘텐츠를 눈독 들이는 것이죠.

대체 불가능한 토큰이라는 NFT의 의미는 결국 한정된 개수와 일련번호로 고유성과 희소성을 부여받은 훼손 불가능한 디지털 파일로 정의될 수 있습니다. 사실 NFT의 기술적 배경과 메커니즘만으로도 충분히 NFT의 미래적, 금전적 부가가치가 상상을 초월하는 수준이 될 것임을 예측할 수 있습니다.

하지만 NFT가 아무리 기술적으로 현실 세계의 고질적 문제들을 해결할 수 있고 다가올 메타버스의 필수품이 될 것이라고 해도 현재 NFT 열풍을 설명하기에는 부족한 부분이 있습니다. 단순히 가격만 놓고 봐도 그렇죠. 실제 예술 작가들의 현물 작품과 NFT 작품의 가격 차이는 이성적으로 납득할 만한 수준을 뛰어넘습니다. 작품을 그린 작가도, 작품 형태와 구성도 모두 똑같은데 단순히 NFT로 만들어져 훼손 불가능한 방식으로 고유성을 보장받는다는 이유 하나만으로 적게는 몇 배에서 많게는 수십 배까지 가격이 차이 나니 상식적으로 이해하기 어려운 것도 이해가 됩니다. 여러 커뮤니티에서 NFT 관련 강의를 진행하거나 경제 뉴스레터에 NFT 칼럼을 기고하다 보면 많은 독자가 가장 의문을 갖는 부분이 바로 이 지점입니다. "NFT가 대체 불가능하고 고유하다는 건 알겠는데 대체 왜 이렇게 비싼 건가요?" 좀 더 본질적으로 "대체 NFT에 왜 이렇게 사람들이 열광하는 건가요? 이걸 소유하면 어떤 장점이 있는 건가요?"라는 질문도 정말 많이 받습니다.

저 역시도 과거에는 이런 질문들에 명쾌한 결론을 내리기 어려웠습니다. 오랜 시간 고민하다 보니 문득 머릿속에 이런 생각이 떠올랐습니다. '이성적이지 않은 것을 이성적으로 이해하려고 하니 어려운 거 아닐까?' 그래서 다음 챕터에서는 이 문제에 대한 답을 찾아보려고 합니다.

NFT는
왜 이렇게 비쌀까?

NFT의 본질은
예술

예술계에 불어온 혁신

NFT가 대체 불가능한 토큰이라는 것, NFT는 블록체인 기술을 기반으로 희소성과 고유성이 온전하게 보전된다는 것을 충분히 이해했다고 하더라도 우리는 여전히 근본적인 의문을 맞닥뜨리게 됩니다. '대체 이게 왜 몇억 원씩이나 하는 걸까?'

아무리 데이터가 온전하게 보전되고 누구도 훼손할 수 없다고 하더라도 보통 사람이 범접하기 어려운 수준의 가격과 독특한 NFT 아트워크의 상관관계에 동의하기란 쉽지 않습니다. '보어드 에이프 요트 클럽*Bored Ape Yacht Club, BAYC, 지루한 유인원 요트 클럽*'이나 크립토펑크의

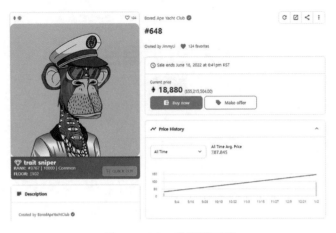

그림 14. BAYC #648의 오픈시 프로필

아트워크를 보면서 아마 많은 사람이 이 같은 생각을 했을 것입니다. 이런 의문과 의구심의 답을 찾기 위해서는 NFT가 새로운 형태의 예술이라는 사실을 이해해야 합니다.

앞서 노들러 갤러리 사건을 통해 간략하게 살펴봤듯이 예술계에는 위작과 모조품 문제가 늘 그림자처럼 따라다닙니다. 영국 대영박물관까지도 전시물 중 아즈텍 문명의 크리스털 해골이 위작이라는 사실이 전 세계에 알려지면서 곤욕을 치른 것처럼 예술계에서의 위작 논란은 누구도 뿌리 뽑을 수 없는 문제였죠. 이 그림의 원작자가 누군지 그리고 이 그림이 정말 그 원작자가 직접 그린 작품이 맞는지에 관한 끝없는 논쟁은 NFT와 블록체인을 통해 비로소 해소

됐습니다. NFT가 갖는 이 같은 기술적 이점은 기존 예술계, 나아가 예술 활동을 하는 기성 예술가들에게 너무나도 매력적으로 다가왔습니다. 하지만 NFT의 가치가 더욱 높게 평가받는 이유는 따로 있습니다. 바로 '예술의 대중화'입니다.

갤러리가 주도하는 예술

예술이라는 단어를 들으면 어떤 이미지가 연상되나요? 대부분 고풍스러움, 고급스러움 혹은 깊이 있음 같은 느낌을 받지 않을까 합니다. 그런데 '예술성'의 정의는 어떻게 내려질까요? 다시 말해 누군가 그린 그림이 예술적 가치를 지닌다고 평가받기 위해서는 어떤 과정을 거쳐야 할까요?

기존 예술계에서는 1차적으로 갤러리에서 예술성의 가치를 평가했습니다. 좀 더 직접적으로 말하면 예술성이 어떤 개인이나 집단에 의해 필터링Filtering된 것일 확률이 높다는 뜻입니다. 물론 예술에 조예가 깊고 이 분야에 몸담고 있는 사람이라면 저와 다른 생각과 견해를 가질 수도 있지만 NFT 투자자의 시각에서는 몇 가지 사례만 떠올려 보더라도 이런 판단을 내릴 수 있습니다.

학창 시절 우리는 누구나 미술이라는 교과목을 배우며 각자의 예술성을 평가받습니다. 실제로 저는 수업 시간에 아무리 열심히 그림을 그려도 항상 6~7등급을 받던, 말 그대로 미적 재능이라고는 눈을 씻고 찾아봐도 찾을 수 없는 학생 중 한 명이었고 그때부터 지금까지 단 한 번도 제 자신에게 예술성이 있다고 생각해 본 적이 없습니다. 이런 저와는 달리 정말 객관적으로 그림을 잘 그려 예술가가 되고자 했던 반 친구들도 몇몇 있었죠. 그 친구들 대부분이 예술고등학교에 진학하기 위해 내로라하는 미술학원에 등록했던 기억이 납니다. 입시 미술을 배우기 위해 학원에 가면 명암을 넣는 방법부터 시작해 데생, 수채화 등 기술을 기르게 됩니다. 그리고 예술고등학교 혹은 미술대학에 진학하기 위한 입시를 치를 때는 정형화된 기준에 따라 미술 실력이나 예술성을 평가받습니다. 그 이후 본격적으로 예술 활동을 하기 위해서는 갤러리나 화랑이라고 불리는 집단에 소속돼야 합니다. 그곳에서 수많은 습작이 탄생하고 소실되죠. 이 외에도 셀 수 없이 많은 평가와 시련을 거쳐 최종적으로 갤러리에서 주최하는 전시회에 작품이 전시되면 비로소 예술가로서 활동을 시작했다고 볼 수 있습니다.

많은 과정과 긴 시간을 몇 줄의 문장으로 표현하기는 했지만 이 정도만 생각해 봐도 나만의 고유한 예술성을 발현하는 데 얼마나 많은 외부 개입과 간섭이 작용하는지 충분히 파악할 수 있습니다. 제가 스스로 '나는 예술성이 없다' 혹은 '나는 미술에 소질이 없다'는 생각을 하고 진즉 예술가라는 직업을 미래 직업 목록에서 제외한 것 역시 제 예술성이 ○○등급이라는, 누군가 정해놓은 기준에 의해 평가받았기 때문이죠.

즉, 기존 예술계에서는 내 예술성이 대중에게 전달되기까지 수많은 개입을 거치고 타인의 평가에 영향을 받습니다. 이 말은 반대로 대중이 예술을 접하려 해도 1년에 몇 번 열리는 전시회를 통해 '바로크식 화풍'이라든지 '현대미술', '팝아트' 등 누군가 규정해 놓은 양식에 부합하는 작품만 접할 수 있다는 뜻이 되기도 합니다.

하지만 NFT의 등장은 예술성 판단 기준을 완전히 뒤바꾸는 계기가 됐습니다.

대충 그린 그림도 예술이 되는 세상

자극적으로 이야기해 보면 NFT가 가져온 혁신은 대충 그린 그림도 예술이 되는 세상을 만들었다고 할 수 있습니다. 좀 더 정제된 말로 표현해 보면 대충 그린 듯 보이는 그림도 누군가에겐 감동

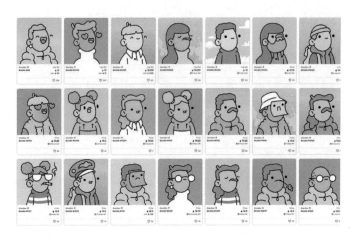

그림 15. 두들스 NFT 컬렉션 오픈시 프로필

을 주는 예술이 될 수 있다는 뜻입니다. 즉, 창작자와 소비자가 중
간자의 개입 없이 바로 연결되는 것이죠. 그럼 여기서 현재 '오픈시
^opensea'(https://opensea.io/)라는 세계 최대 NFT 거래소에서 인기
있는 몇 가지 NFT 프로젝트들을 살펴보겠습니다.

먼저 〈그림 15〉는 오픈시에서 약 3000만~4000만 원에 거래되
고 있는 '두들스^Doodles'라는 프로젝트입니다. 두들스는 공식 트위
터 계정 팔로워 수가 약 30만 명에 달할 만큼 전 세계적으로 인기
를 끌고 있는 대표 NFT 프로젝트 중 하나입니다. 〈그림 16〉은 게
리비^Gary Vee라는 활동명으로 활동하고 있는 미국 유명 베스트셀
러 작가 게리 베이너척^Gary Vaynerchuck의 NFT 프로젝트 '비프렌즈

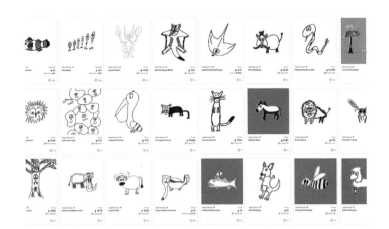

그림 16. 비프렌즈 NFT 컬렉션 오픈시 프로필

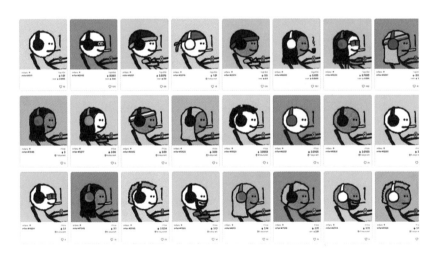

그림 17. 엠퍼스 NFT 컬렉션 오픈시 프로필

Veefriends'입니다. 두들스와 마찬가지로 약 3000만 원 이상의 가격 대로 거래되고 있는 유명 NFT 프로젝트죠. 〈그림 17〉은 '엠퍼스 *mfers*' 프로젝트입니다. 오픈시 최저가 기준 약 900만~1000만 원 정도의 가격대를 보이고 있습니다.

현재 오픈시 컬렉션에서 상위를 차지하고 있는 이 프로젝트들을 보면 어떤 생각이 드나요? 두들스는 남녀노소 누구나 좋아할 만한 귀여운 아트워크를 자랑합니다. 비프렌즈는 어린아이가 그린 듯한 아트워크로 게리비의 개성 넘치는 그림체가 돋보입니다. 아마 게리비의 스타일을 좋아하는 사람이라면 누구나 이 NFT를 소유하고 싶어 할 것입니다. 세 프로젝트 중 가장 독특한 것은 엠퍼스 프로젝트입니다. 엠퍼스의 아트워크는 일반적인 관점에서 예술이라고 보기에는 고개를 갸우뚱하게 되는 부분이 있습니다. 2000년대 초반 엄청난 인기를 끌었던 '졸라맨'을 연상케 하는 그림체를 보면 이 것이 약 1000만 원에 가까운 비용을 지불하고 소장할 만한 그림인가에 대해 논쟁의 여지가 있어 보이기도 합니다. 하지만 사실 이 NFT가 사람들에게 많은 관심과 사랑을 받는 이유는 바로 대충 만든 듯한 그림이 '재밌기' 때문입니다. 기존 예술 작품과는 다르게 대충 그렸다는 사실 때문에 오히려 대중의 흥미를 끈 것이죠.

제가 생각하는 NFT의 예술적 가치는 바로 이 지점에 있습니다.

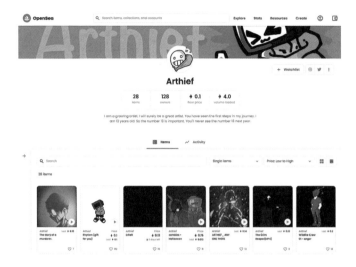

그림 18. 아트띠프의 오픈시 프로필

예술성을 정의하고 판단하는 사람이 직접 예술을 소비하는 소비자가 됐다는 것입니다. 실제로 최근 우리나라에서도 예능 프로그램 〈자본주의학교〉를 통해 〈아빠! 어디가?〉로 유명한 윤후가 자신의 그림을 NFT 시장에 올려 판매하는 내용이 방영되기도 했습니다.

또 전북 군산에 사는 한 중학생은 '아트띠프^{Arthief}'라는 활동명의 NFT 작가로 활동하고 있습니다. 아트띠프는 아이패드로 자신의 창의성과 예술성을 십분 드러낸 이미지를 제작한 다음 블록체인에 그림을 담아 NFT 시장에 선보였는데 이 작품은 1000만 원이 넘는 금액에 판매됐습니다.

만약 NFT 시장이 아닌 기존 예술계였다면 이런 일은 불가능에 가까웠을 것입니다. 정식으로 화랑에 소속되지도 않은 데다 그림을 그린 도구도 아이패드라니 그저 어린 학생의 낙서 정도로 여겨졌을 가능성이 높습니다. 하지만 NFT 시장으로 넘어오니 전 세계에 포진한 수많은 컬렉터 중 누군가가 아트띠프의 그림을 보고 아트띠프만의 가치 혹은 예술성에 매력을 느껴 그에 합당하다고 생각하는 비용을 지불하고 작품을 구매한 것입니다. 물론 이 지점에서 NFT기 때문에 얻을 수 있는 온전한 고유성 역시 구매를 결정하는 데 한몫했을 것입니다.

이처럼 NFT는 모두가 예술가가 될 수 있는 세상을 만들었습니다. 기존 예술계의 온갖 장벽과 관문을 모두 무너뜨리고 전 세계 NFT 컬렉터를 대상으로 나만의 예술성과 정체성을 마음껏 전시할 수 있는 세상 그리고 그것을 아주 손쉽고 간편하면서도 안전하게 구매하고 소유할 수 있는 세상, 이것이 NFT가 예술계에 가져온 파괴적 혁신이자 새로운 바람인 것입니다.

NFT로 보존되는
콘텐츠의 가치

해킹으로부터 자유로울 수 있을까?

NFT가 예술계에 몰고 온 새로운 바람은 디지털이라는 온라인 환경에서 더욱더 큰 빛을 발합니다. 지금까지 위작, 복제 그리고 모조품 등의 문제를 예술계의 고질적 위험 요인으로 꼽았지만 사실 이 문제들은 디지털 세상에도 똑같이 해당됩니다. 오히려 현실 예술계보다 이런 문제에 더 취약한 곳이 디지털 공간입니다. 세상에는 우리가 상상하는 것보다 훨씬 더 실력이 뛰어난 해커들이 많습니다. 사실 이들이 마음만 먹으면 개인 정보나 디지털 자산쯤이야 얼마든지 빼낼 수 있죠. 디지털 공간이 우리에게 제공하는 편리함, 간편함, 빠른 속도, 물리적 경계를 넘어서는 전 세계 사람들과의 실시간 소통 등 다양한 장점이 있음에도 예술 시장이 여전히 오프라인에 머물러 있던 것 역시 온라인에 도사리고 있는 이 같은 위험 때문이었습니다.

지금 당장 이 책을 덮고 구글에 들어가 여러분이 아는 유명 작가의 이름을 검색해 보면 수많은 작품의 이미지 파일을 찾아볼 수 있을 것입니다. 사실 어떤 작가의 작품은 이 세상에 딱 하나만 존재하기 때문에 희소성과 고유성을 지니며 대체 불가능한 작품으로 인정받아 가격적으로 높은 가치를 지닙니다(물론 해당 작가가 에디션 형태로 여러 개의 작품을 제작하는 경우는 그렇지 않습니다). 그런데 빈센트 반고흐Vincent van Gogh의 작품을 미술품 시장에서 구매하려면 천문학적인 금액을 지불해야 함에도 인터넷에서는 얼마든지 고흐의 그림 이미지를 공짜로 사용할 수 있습니다. 윈도우 운영체제에서 제공하는 캡처 도구를 사용해 이미지를 캡처할 수도 혹은 마우스 버튼 클릭 몇 번으로 손쉽게 이미지를 다운받을 수도 있습니다.

이 같은 행위는 엄밀히 말해 저작권 침해로 불법적 행위지만 실제 일상생활에서 이런 행위가 비일비재하게 일어나고 있다는 점은 명백한 사실이죠. 비단 그림뿐만 아니라 디지털 공간에 존재하는 모든 콘텐츠(음악, 영상 등)는 모조품, 복제, 해킹 등의 위험에 노출돼 있고 이런 문제는 예술계와 더불어 특히 게임 업계에서도 도드라지게 나타납니다.

게임 업계에 부는 NFT 바람

게임 세계에서의 해킹 문제는 굳이 입 아프게 이야기하지 않아도 대부분 알고 있을 만큼 오래전부터 존재했고 지금 이 순간에도 일어나고 있습니다. 수강 신청이나 인기 있는 뮤지컬, 콘서트 예매 등에 사용되는 '매크로'도 게임 머니를 얻기 위한 해킹 수법의 하나로 쓰입니다.

그런데 해킹보다 더 본질적이고 근본적인 문제는 사실 게임 내 콘텐츠의 가치가 영구히 보전되지 못한다는 점입니다. 앞서 잠깐 언급했지만 우리가 어떤 게임 하나에 빠져 열심히 게임을 즐겼다고 가정해 봅시다. 많은 시간과 노력을 들여 게임 속 캐릭터를 육성합니다. 구하기 어렵고 희귀한 아이템을 얻어 캐릭터 성능을 강화하거나 아니면 게임에서 사용할 수 있는 게임 머니를 많이 벌어 부를 축적하기도 하죠. 하지만 우리가 들인 시간과 노력의 결과물인 게임 재화의 가치는 너무 쉽게 훼손당할 수 있습니다. 만약 이렇게 오랜 시간 열심히 즐기던 게임이 어느 날 갑자기 서비스를 종료한다면 어떨까요? 모든 게임은 흥망성쇠의 길을 걷습니다. 한때는 시대를 풍미했던 그 어떤 게임도 영원히 유저들의 사랑을 받지는 못합니다. 시간이 지나면 유저들은 점차 새로운 게임을 찾아 떠나기 마련이죠. 단지 그 시기의 차이만 있을 뿐입니다. 시간이 지나 유저들의 관심 밖으로 멀어지거나 서비스가 종료된 게임 재화의 가치는 우리가 그걸 얼마나 열심히 축적했든 순식간에 하락하고 맙니다. 아니 좀 더 과격하게 말하면 마치 이 세상에 존재한 적 없었던 것처럼 증발하죠.

하지만 NFT가 게임에 결합되면 이야기는 달라집니다. 게임 아이템이 모두 NFT로 만들어지면 내가 즐기던 게임이 서비스를 종료하고 역사의 뒤안길로 사라진다고 해도 게임 아이템의 모든 데이터가 블록체인에 기록돼 영구히 보존됩니다. 누구도 훼손할 수 없는 블록체인의 특성은 게임 회사조차 훼손할 수 없도록 콘텐츠를 안전하게 지켜주기 때문입니다. 이 경우 내가 보유한 값비싼 게임 아이템의 가치 역시 블록체인 안에 영구히 보존됩니다.

게임 속 재화 가치가 영구히 보존된다는 사실은 게임 유저들이 자신이 축적한 재화가 언제 증발할지 모른다는 걱정 없이 마음껏 게임을 즐길 수 있는 환경을 만들어 줍니다. 또 게임 NFT는 블록체인상에서 수요가 존재하는 한 지속적으로 거래되고 계속 부가가치를 창출합니다. 이런 이유로 예술계에서 시작된 NFT 바람은 점차 게임 업계까지 활발하게 이어지고 있습니다.

이처럼 NFT는 현실 세계에서 고질적으로 이어져 오던 문제들을 해결해 줌과 동시에 디지털 공간에서의 위험 요소들을 효율적으로 완화해 줄 수 있다는 장점이 부각되면서 그 가치를 높게 평가받고 있습니다. 유명 예술가 그림의 원화 가격보다 NFT 가격이 더 비싼 이유도, 많은 게임 회사와 콘텐츠 기업이 너나없이 NFT 사업에 뛰어드는 이유도 모두 보이는 아트워크 이면에 숨겨진 NFT의 본질적 가치를 높게 평가하고 있기 때문입니다.

NFT는 정말
완전무결할까?

NFT의
잠재적 위험성

NFT 시장이 위험한 이유

NFT가 이전에 없던 완벽히 새로운 시장이라는 데는 모두가 공감할 것입니다. 디지털 공간에 넘쳐나는 수많은 형태의 파일은 인터넷 시대가 시작된 이래 지금까지 늘 존재해 왔지만 그런 디지털 파일이 본격적으로 시장에서 거래된 경우는 없었습니다. 특히나 블록체인이라는 새로운 기술과 함께 등장한 NFT에는 기존의 사회적 통념과 원칙을 공유하는 부분도 있지만 이전에 알고 있던 법적, 윤리적 기준을 대입해서는 해결되지 않는 부분 역시 있는 것이 사실입니다. 그래서 누군가는 NFT 시장의 거품이나 위험성을 역설하기도 합니다. 법적, 제도적 장치가 없는 무분별한 시장, 전문가가 아니면 쉽게 접근할 수 없는 시장과 같은 표현을 사용하면서 말이죠. 물론 틀린 말은 아니라고 생각합니다. 이미 세상에 존재하는 많은 시장 중 가장 위험하고 가장 안전장치가 없는 세계가 NFT 시장인 것은 명백한 사실이니까요. 새로운 시장은 언제나 기회로 가득한 금광인 동시에 그만큼 위험이 도사리고 있는 무법 지대기도 하죠.

이번 챕터에서는 이전 챕터에서보다 좀 더 많은 이야기를 풀어 내려고 합니다. NFT가 장점보다 단점이 많다거나 NFT는 안 좋은 것이니 언감생심 꿈도 꾸지 말라는 이야기를 하려는 것은 아닙니다. NFT가 왜 좋은지는 투자를 해나가면서 천천히 배우고 이해해도 늦지 않습니다. 아니, 제가 백번 설명하는 것보다 여러분이 직접 NFT를 소유하고 시장 참여자로 활동하면서 체감하는 것이 훨씬 더 많을 것입니다. 하지만 NFT의 잠재적 위험성은 반드시 그리고 최대한 이해하고 있어야 합니다. 굳이 소중한 자산과 시간을 낭비하면서까지 문제점을 체득할 필요는 없으니까요.

NFT 시장의 무법 지대는 안타깝게도 우리가 상상하는 것보다 훨씬 많은 곳에 도사리고 있습니다. 어떤 무법 지대에 어떤 위험성이 있는지 살펴보기에 앞서 왜 NFT 시장은 유독 위험하고 복잡한지 이해할 필요가 있습니다. 그럴 만한 타당한 이유가 있다면 올바

르고 현명하게 대처할 수 있는 방안을 탐색하고 준비하면 해결되지만 도박과 같이 당위성 없는 위험한 시장이라면 애초에 공부하고 연구할 가치조차 없으니 말입니다.

중앙화와 탈중앙화

NFT에 조금이라도 관심 있는 독자라면 아마 '탈중앙화'라는 말을 들어본 적 있을 것입니다. 원래 우리가 살고 있는 세상은 '중앙화'된 세상입니다. 체감하지 못하고 있을 뿐 사실 이 세상의 모든 영역이 중앙화돼 있다고 봐도 무방하며 그 역사의 뿌리도 깊습니다.

그런데 2010년 무렵 세계 각국에서 구글이나 네이버 같은 포털 사이트의 정보 독점에 관한 논쟁이 제기되면서 탈중앙화라는 용어가 본격적으로 사용되기 시작했습니다.

우리는 인터넷이라는 공간에서 다양한 정보를 탐색하고 서비스를 이용합니다. 그리고 우리가 한 모든 행동은 데이터로 남습니다. 어떤 홈페이지에 들어갔고 어떤 단어를 검색했으며 심지어 어떤 페이지에서 어떤 사진을 보고 또 누구와 대화를 나눴는지까지 모든 일거수일투족이 기록되죠. 이렇게 기록된 행동이 문제가 되는 이유

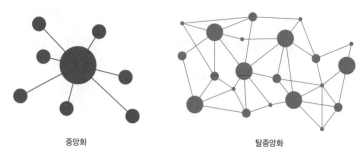

중앙화   탈중앙화

그림 19. 중앙화와 탈중앙화

는 바로 이 데이터를 개인 정보와 결합할 수 있기 때문입니다. 누구인지 특정되지 않는 어떤 사람이 인터넷에서 어떤 행동을 했는지는 중요하지 않지만 서울에 사는 ○○살 김 아무개가 온라인 공간에서 어떤 행동을 했는지 모두 기록되는 것은 차원이 다른 문제가 될 수 있습니다.

웹 서비스 공급자는 웹 환경을 이용하는 소비자를 대상으로 개인 정보를 요구합니다. 예를 들어 우리가 어떤 서비스를 이용하기 위해 회원 가입을 하려면 이름, 성별, 연락처, 주민등록번호, 이메일 주소 등 다양한 정보들을 기입해야 하죠. 물론 개인 정보 인증 절차는 온라인 공간에서 일어날 수 있는 여러 심각한 문제를 방지할 수 있는 방어적 수단임과 동시에 애플리케이션이나 웹사이트를 통해 쇼핑을 하고 영화를 예매하는 등의 서비스를 누릴 수 있는 기반이라는 점에서 반드시 필요하기는 합니다. 하지만 2010년 당시 논쟁이 촉발된 것은 바로 웹의 정체성 때문이었습니다.

웹이라는 온라인 공간이 처음 공개됐을 당시에는 언제 어디서든 누구에게나 공개된 공간이라는 정체성이 분명했습니다. 하지만 시간이 지나면서 일부 서비스 공급자는 앞서 설명한 것처럼 필요에 의해 개인 정보를 수집하고 보관하게 됐습니다. 문제가 된 부분은 바로 수집과 보관 주체가 서비스 공급자라는 것이었습니다(개인 정보 수집이 서비스 공급자의 불법 행위라는 뜻은 아닙니다). 서비스 공급자는 회사입니다. 회사는 사적 조직입니다. 즉, 사적 조직이 전 세계에 퍼져 있는 이용자들의 개인 정보를 수집 및 보관, 이용한다는 뜻이고 이는 초기 웹이 내세운 정체성과 대치되는 것이었죠. 물론 개인 정보 도용, 남용 등 다른 잠재적 문제도 포함해서 말입니다.

이처럼 일부 서비스 공급자들이 개인 정보를 포함한 온라인상에서 생성되는 모든 데이터를 독점하는 현상을 두고 '중앙화 웹Centralized Web'이라는 말이 대두됐고 월드와이드웹 컨소시엄W3C을 중심으로 중앙화된 온라인 환경에서 탈피하자는 뜻의 탈중앙화라는 용어가 본격적으로 사용되기 시작했습니다.

좀 더 일반론적으로 접근해 보면 탈중앙화는 중앙화된, 즉 특정 개인 혹은 기관이 통제와 규제 권리를 갖고 있는 상황에서 벗어

나자는 의미로 해석할 수도 있습니다. 사실 통제와 규제 권리를 특정 개인이나 기관이 독점하는 것은 아주 오래전부터 너무나 당연하게 여겨온 부분이기도 합니다. 삼국시대나 고려시대로 돌아가면 중앙화의 모습을 쉽게 찾을 수 있습니다. 왕을 중심으로 일부 귀족과 지금의 정부 역할을 하는 각종 기관이 강력한 권리와 권한을 갖고 개인을 통제 및 규제할 수 있었죠. 시대가 변해 평등과 민주주의가 당연한 가치가 되면서 신분에 따른 억압적이고 강압적인 통제는 사라졌지만 여전히 중앙화 개념은 우리 일상에 깊이 파고들어 있습니다. 예를 들어 국가 통화의 공급과 수요는 각국 중앙은행을 통해 규제되고 조절되며 중앙은행은 통화와 관련된 모든 정책을 조율 및 집행합니다. 즉, 중앙화는 단순히 독점만을 의미하기보다 특정한 현상, 체제 등을 관리하고 감독할 수 있는 '관리자' 혹은 '중재자'의 존재를 의미할 수도 있다는 것입니다.

중앙화된 조직, 사회나 경제가 부정적이기만 한 것은 아닙니다. 관리 감독 권한과 통제력을 가진 중앙 기관이 있기 때문에 사회와 경제가 원활하게 유지되고 우리가 사회적, 경제적으로 피해를 입었을 때 구제받고 보호받을 수 있는 장치가 마련됩니다. 장단점이 모두 존재하는 것이죠.

탈중앙화도 마찬가지입니다. 탈중앙화 세계에서는 모든 의사결정이 특정 기관이나 조직의 개입에서 벗어나 구성원의 의견을 자유롭게 반영해 진행되고 중앙 관리자가 배타적 권한을 악용할 때 발생할 수 있는 문제에서 자유로워질 수 있다는 장점이 있습니다. 또 좀 더 원론적인 민주, 자유의 의미에 가까운 생활을 영위할 수 있죠. 하지만 반대로 탈중앙화된 조직이나 공동체에는 효율성 문제가 발생할 수 있습니다. 모든 사람의 의견을 조율할 수 있는 중앙 기관이 없기 때문에 의사결정 과정에 소요되는 비용과 시간이 기하급수로 늘어날 수 있죠. '사공이 많으면 배가 산으로 간다'는 속담이 잘 들어맞는 상황이 생기는 셈입니다. 이뿐만 아니라 어떤 피해나 문제가 발생했을 때 중앙에서 관리하고 통제할 수 있는 보호적 장치도 사라집니다. 다른 사람이 받은 피해를 굳이 아무 상관도 없는 내가 보상해 줄 필요는 없으니까요. 물론 다른 사람의 피해를 해결해 주기 위해 내가 발 벗고 나설 이유도 없습니다.

NFT와 탈중앙화의 양면성

NFT는 탈중앙화를 표방합니다. 이는 NFT의 기술적 기반인 블록체인 때문입니다. 앞서 NFT의 뜻을 설명하면서 살펴본 것처럼 블록체인은 누구나, 언제나 투명하게 확인할 수 있는 회계장부 같은 것입니다. 블록체인이라는 네트워크상에서 일어나는 모든 데이터는 블록으로 만들어져 네트워크에 저장되고 모든 블록은 체인으로 연결돼 있습니다. 그리고 이 모든 블록은 누구나 쉽게 조회할 수 있죠. 지금 당장 '이더스캔^{Etherscan}'(https://etherscan.io)이라는 홈페이지에 들어가서 여러분이 조회하고 싶은 NFT를 검색하면 단 1초 만에 해당 NFT와 관련된 모든 정보를 확인할 수 있습니다. 문자 그대로 단 '1초' 만에 '모든' 정보를 말입니다.

이것이 블록체인의 기술적 배경이자 암호화폐가 탄생하게 된 이유며 정체성의 핵심입니다. 네트워크에서 일어나는 모든 일이 위·변조 될 수 없게끔 완벽하게 보존되고 모두에게 투명하게 공개돼 있다는 것은 곧 탈중앙화를 의미합니다. 중앙의 누군가가 개입해 조작, 변경 혹은 통제할 수 없다는 것이죠. 암호화폐가 엄청난 가격 급등과 함께 전 세계적으로 거래 시장을 형성하고 각국 중앙은행과 정부에서 직접 암호화폐를 발행하려는 이유도 탈중앙화 때문입니다. 블록체인은 탈중앙화라는 새로운 가치를 실현하는 데 반드시 필요한 기술이며 하고많은 기술 중 블록체인 기술을 이용해 NFT가 구현되는 이유도 바로 여기에 있습니다.

갑자기 탈중앙화 이야기를 하니 머리가 복잡해지는 것 같나요?

Transactions   Internal Txns   Erc20 Token Txns   Contract   Events   Analytics   Comments

↓F Latest 25 from a total of 7,014 transactions

	Txn Hash	Method ⓘ	Block	Age	From ▼		To ▼	Value	Txn Fee
⊙	0x6ad6e3e31ee79e673...	Transfer From	14556503	28 mins ago	0x1e2302884d90f52e0b...	IN	0x8ee5cd52a654a6016f1...	0 Ether	0.00687934654
⊙	0xda1c1eb27b40510bb6...	Safe Transfer Fr...	14556337	1 hr 4 mins ago	0x4f11f218f5fc748ccca2...	IN	0x8ee5cd52a654a6016f1...	0 Ether	0.000789001184
⊙	0xf56bb010ac4773b1e5...	Safe Transfer Fr...	14556337	1 hr 4 mins ago	0x4f11f218f5fc748ccca2...	IN	0x8ee5cd52a654a6016f1...	0 Ether	0.000789201924
⊙	0x54e8461ed24c28d36c...	Set Approval For...	14556069	2 hrs 10 mins ago	0xf0592d811a72eb64d6...	IN	0x8ee5cd52a654a6016f1...	0 Ether	0.001604037606
⊙	0x3281b083be62d21c30...	Transfer From	14555625	3 hrs 52 mins ago	0x1e1211f526021921f4e...	IN	0x8ee5cd52a654a6016f1...	0 Ether	0.000981144287
⊙	0xe192e1cf2488b0c6670...	Set Approval For...	14555605	3 hrs 56 mins ago	() fartwhal.eth	IN	0x8ee5cd52a654a6016f1...	0 Ether	0.001079960235
⊙	0xb565e5a3e8f93f61e7a...	Safe Transfer Fr...	14555341	4 hrs 58 mins ago	() jakvault.eth	IN	0x8ee5cd52a654a6016f1...	0 Ether	0.001123445451
⊙	0xe584588ac5db90140...	Transfer From	14555219	5 hrs 23 mins ago	0x7b3da097ea4689a2e9...	IN	0x8ee5cd52a654a6016f1...	0 Ether	0.001031656749
⊙	0x247126f1af8c5d8cc82...	Transfer From	14555188	5 hrs 30 mins ago	0x70199f179e464647edf...	IN	0x8ee5cd52a654a6016f1...	0 Ether	0.059993222191
⊙	0x4692ad389f3b9c69b6...	Set Approval For...	14554901	6 hrs 29 mins ago	0x999cac6a40839f174...	IN	0x8ee5cd52a654a6016f1...	0 Ether	0.001517196519
⊙	0xe603962b029c3092d0f...	Transfer From	14554778	6 hrs 57 mins ago	0xd1f6ad283d117cb9d7...	IN	0x8ee5cd52a654a6016f1...	0 Ether	0.001535638146
⊙	0x4c883ebc4411bb993f3f...	Safe Transfer Fr...	14554773	6 hrs 58 mins ago	0xe8d470e1ac783eddc7...	IN	0x8ee5cd52a654a6016f1...	0 Ether	0.00165928702
⊙	0x9bad69ea0dac5471ac...	Safe Transfer Fr...	14554773	6 hrs 58 mins ago	0xefd470e1ac783eddc7...	IN	0x8ee5cd52a654a6016f1...	0 Ether	0.00165936702
⊙	0xcbf7e5b65e33cea198c...	Transfer From	14554368	8 hrs 26 mins ago	0x6da30f291c1a573e68...	IN	0x8ee5cd52a654a6016f1...	0 Ether	0.001043944659
⊙	0xb661f609f19e6c207c...	Transfer From	14554193	9 hrs 10 mins ago	0x967c6a62b70f03742...	IN	0x8ee5cd52a654a6016f1...	0 Ether	0.001536301574

그림 20. 이더스캔의 NFT 정보 조회 화면

처음에는 NFT가 메타버스의 필수품이라고 하고 그다음에는 대체 불가능한 토큰이라면서 희소성과 고유성에 관해 설명하더니 이제는 또 탈중앙화를 알아야 한다고 하니 말이죠.

그런데 곰곰이 생각해 보면 대체 불가능한 토큰이라는 말에 곧 탈중앙화라는 뜻이 포함된 것이나 마찬가지입니다. 중앙으로 표상될 수 있는 누군가가 데이터를 마음대로 제어하고 변경할 수 없도록 모두에게 투명하게 공개해 희소성이 온전하게 보전된다는 것, 이것이 바로 탈중앙화와 같은 의미니 말입니다. 참여자 모두가 동일한 조건과 동일한 자격으로 정보에 접근할 수 있다는 것이죠. 최근 NFT의 가치가 상식적으로 납득할 수 있는 수준을 넘어 급등하고 있는 이유도 결국은 NFT가 암호화폐와 마찬가지로 탈중앙화 성격을 갖기 때문입니다.

NFT는 탈중앙화라는 블록체인의 정체성에 힘입어 해킹이나 위·변조 같은 고질적 문제를 해결하는 등 새로운 투자, 자산 시장으로 급격한 물살을 타고 있습니다. 하지만 탈중앙화에 양면성이 있는 것처럼 NFT 시장에도 그만큼 조심해야 할 무법 지대가 존재합니다.

새로운 시장에는 언제나
무법 지대가 존재하는 법

스캠과 러그풀

스캠^{Scam}과 러그풀$^{Rug\ Pull}$은 간단히 말하면 사람의 심리를 악용한 사기 수법입니다. 사실 이 둘은 NFT 시장에서 가장 보편적이고 일반적으로 입을 수 있는 피해의 일종이지 블록체인의 탈중앙화 정체성 때문에 발생하는 문제는 아닙니다. 그럼에도 스캠과 러그풀을 굳이 탈중앙화를 설명하면서 소개하는 이유는 이 같은 악질적 수법으로 피해를 입었을 때 구제받을 수 있는 방법이 없기 때문입니다. 암호화폐, NFT, 탈중앙화 웹 등 탈중앙화 방식을 차용하는 모든 공간에서 발생하는 일의 책임은 철저하게 개인이 집니다. 중앙집

권적 권력 장치가 없기 때문에 피해를 중재하거나 보상해 줄 기관도 정부도 없습니다. 정보의 보관과 취급이 투명하고 조회와 사용에 대한 권한이 모든 참여자에게 동등하게 주어지므로 누군가 피해를 입었다면 그 원인은 모두 피해자에게 있을 뿐이죠. 시스템은 모두에게 열려 있으니까요. 이런 이유로 NFT의 무법 지대를 알려 드리기 전에 탈중앙화에 관해 장황한 설명을 늘어놓은 것입니다. NFT 시장에서 일어나는 사기 수법을 간략하게 설명하고 경각심을 일깨워 주는 것이 이번 챕터의 구성 목적입니다.

스캠의 어원은 '신용 사기'입니다. '신용 사기라니 현실에서도 그런 사기를 당하기가 쉽지 않은데 NFT 시장에서 내가 당할 확률은 더 낮은 것 아냐?' 하고 생각할지 모르지만 사실 스캠은 NFT 시장에 매우 빈번하게 일어나는 일종의 '보이스피싱'입니다.

사고 싶은 NFT가 생기거나 관심 가는 프로젝트가 생기면 해당 NFT 프로젝트와 관련한 정보를 탐색해야 합니다. 이 NFT는 누가 만들었고 아트워크는 어떻게 구성돼 있는지, 얼마에 거래할 수 있는지 등을 확인해야 투자 여부를 현명하게 판단할 수 있으니까요. 따라서 디스코드나 트위터에서 해당 NFT 프로젝트 관련 정보를 찾게 됩니다. 그럼 어떻게 알았는지 기가 막히게 빠른 속도로 스캠 집단에서 연락이 옵니다. 주로 디스코드나 트위터의 DM*Direct Message*

으로 연락이 오는데 인간의 심리를 교묘하게 이용해 투자자가 사기의 늪에 빠지기 쉽게 만듭니다.

기본적으로 어떤 NFT 정보를 탐색하고 홈페이지나 커뮤니티에 방문하는 행위에는 '이 NFT를 사고 싶다'는 전제가 깔려 있는 경우가 많습니다. 만약 해당 프로젝트가 론칭 전부터 많은 사람의 관심과 기대를 받는 블루칩*Bluechip* 프로젝트라면 더더욱 그렇겠죠. 사기꾼들은 바로 이런 사람들의 구매 욕구를 이용해 "여러분은 ○○○ NFT의 얼리 액세스*Early Access*에 당첨됐습니다. 지금 바로 링크로 들어오셔서 구매하세요"라는 식의 메시지를 보냅니다. 이 예시처럼 얼리 액세스 권한을 준다든지 지금 해당 NFT가 세일 중이고 완판까지 얼마 남지 않았으니 바로 구매에 참여하라는 등의 내용으로 사람들을 조급하게 만들어 꼼꼼한 조사와 신중한 판단 없이 가상화폐 지갑을 연결하게끔 하는 것이죠.

일상생활에서 보이스피싱 피해 사례를 들으면 여러분은 어떤 생각을 하나요? 아마 '저렇게 뻔한 수법에 왜 당하지? 조금만 확인해보면 금방 알 수 있는 거 아냐?' 하는 생각이 드는 사람도 많을 텐데요, 그럼에도 보이스피싱 피해 사례가 속출하는 것을 보면 분명 당하는 사람 입장에서는 순간적으로 판단력이 흐려지는 계기가 있는 거겠죠. 스캠도 마찬가지입니다. 이 책을 쓰며 여러분에게 위험

그림 21. 실제 버니 버디즈 스캠 메시지 사례

성을 알려주고 있는 저 역시 NFT 투자를 하면서 스캠 피해를 입은
적이 있습니다. NFT 프로젝트 중 '버니 버디즈*Bunny Buddies*'라는 프
로젝트가 있습니다. 제가 이 프로젝트에 관심이 생겨 디스코드 커
뮤니티에 가입을 하니 〈그림 21〉과 같은 DM이 왔습니다.

제게 스캠 메시지를 보낸 계정은 실제 프로젝트의 이름과 동일

그림 22. 버니 버디즈 공식 커뮤니티에 등록된 링크

한 '버니 버디즈'고 계정 이름도 '@Bunny Buddies'라고 돼 있습니다. 내용을 살펴보면 지금 세일을 하고 있으며 거의 판매가 마무리돼 777개밖에 남지 않았으니 빨리 와서 구매하라고 쓰여 있습니다. 만약 여러분이 이 NFT를 정말 사고 싶었고 구매하기 위해 세일만을 기다렸다면 이 순간 어떤 행동을 할까요? 정신을 바짝 차리고 눈에 불을 켜고 혹시 스캠은 아닌지 샅샅이 살펴보지 않는 이상이 스캠 메시지에 표시된 링크를 타고 들어가 NFT 지갑을 모두 해킹당할 확률이 높을 것입니다. <그림 22>의 실제 버니 버디즈 프로젝트 공식 커뮤니티에 등록된 홈페이지 링크와 비교해 보면 스캠 메시지와는 미묘하게 주소가 다르다는 점을 알 수 있습니다.

이처럼 스캠 집단은 지금 이 순간에도 무수히 많은 NFT 투자자에게 치밀하고 교묘하게 접근하고 있으며 피해자가 속출하고 있습니다. 제가 운영하는 NFT 커뮤니티에도 스캠 피해를 호소하는 분들이 많은 걸 보면 스캠의 위험성은 누구에게나 도사리고 있다고 볼 수 있습니다.

다음으로 살펴볼 사기 수법은 러그풀입니다. 스캠이 일종의 보이스피싱이라면 러그풀은 '먹튀' 정도로 볼 수 있습니다. 러그풀은 '양탄자'를 뜻하는 러그^{Rug}와 '잡아당기다'를 뜻하는 풀^{Pull}의 합성어입니다. 양탄자를 잡아당기면 어떻게 될까요? 그 위에 서 있던 사람이 넘어질 것입니다. 즉, 러그풀은 투자자를 한 번에 넘어뜨리는 사기라는 뜻이 담긴 용어입니다. 이름에서부터 얼마나 위험한지 짐작이 가죠? 러그풀의 위험성과 피해 규모는 스캠과는 비교가 안 될 만큼 큽니다.

러그풀은 프로젝트 운영자들이 투자자들의 돈과 NFT를 모두 들고 도망가 버리는 수법입니다. 실제로 NFT 시장에서 러그풀은 다양한 행태로 일어나지만 NFT 제작자나 판매자 혹은 운영진이 NFT 판매 이후 모든 돈을 들고 잠적해 버리는 경우가 대다수입니다. 프로젝트가 매우 좋은 것처럼, 정말 많은 브랜드와 협업할 것이고 차기 블루칩 프로젝트가 될 것처럼 홍보해 투자자를 모으고는 자신들의 NFT를 모두 판매한 뒤 사라져 버리는 것이죠. NFT는 예술품과 같아서 작품 그 자체로서의 본질적 가치도 중요하지만 작품 제작자에게서 발생하는 가치도 상당한 부분을 차지합니다. 만약 유명 예술품의 작가가 중대 범죄자였다면? 혹은 비싼 가격에 거래되는 미술 작품의 작가가 어느 날 흔적도 없이 사라진다면? 이런 경우 해당 예술품의 품질이 아주 좋더라도 보유로 발생하는 가치, 즉 소장 가치는 상당 부분 사라질 것입니다.

NFT도 마찬가지입니다. NFT를 제작한 창작자나 팀이 더는 생산적인 활동을 하지 않거나 심지어 잠적해 버린다면 그 NFT를 사려는 수요자가 더는 존재하지 않게 되고 가격은 순식간에 하락하죠. 스캠은 우리가 매 순간 주의하고 정보를 조금만 더 꼼꼼히 탐색하려는 노력을 기울인다면 얼마든지 피해 갈 수 있습니다. 하지만 러그풀은 그러기가 쉽지 않습니다. NFT를 제작한 창작자나 팀원의 신원이 명확하지 않은 경우가 많고 정보가 제한적이라 이들이 사기꾼이 아니라는 것을 알아내기가 상당히 까다로운 편이죠.

실제 NFT 시장에서 발생한 러그풀의 수많은 사례 중 하나를 살펴보겠습니다. 지금 소개할 프로젝트는 '라쿤 시크릿 소사이어티 Raccoon Secret Society'라는 프로젝트입니다.

이는 라쿤을 모티프로 제작된 NFT 프로젝트로 NFT를 합성해 희귀한 새 라쿤 NFT를 얻을 수 있다는 방식 때문에 많은 사람의 관심과 흥미를 끌었습니다. 이 NFT의 가격은 초기 판매가 이후 약

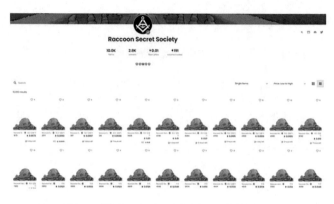

그림 23. 무덤으로 변한 라쿤 시크릿 소사이어티 NFT 컬렉션의 오픈시 프로필

0.1이더리움 가까이 상승했습니다. 하지만 어느 날 갑자기 프로젝트 운영진들이 모든 NFT 그림을 무덤으로 바꾼 뒤 트위터를 비롯한 NFT의 커뮤니티 계정을 모두 폐쇄하고 잠적하는 사건이 발생합니다. 이로 인해 해당 NFT의 가격은 0.001이더리움까지 하락했고 이 NFT를 구매한 모든 구매자가 막대한 피해를 입었죠. 추후 운영진이 다시 나타나 러그풀의 위험성을 알리고 경각심을 일깨워 주기 위한 이벤트성 행동이었다는 입장을 발표한 뒤 활동을 재개하긴 했지만 많은 투자자가 충격을 받아서였을까요? 여전히 해당 NFT 가격은 0.001이더리움에 머물러 있습니다.

여기서 소개한 것 외에도 스캠과 러그풀 사례는 무수히 많고 지금 이 순간에도 누군가는 피해를 입고 있을 것입니다. 금전적 피해도 문제지만 가장 큰 문제는 피해자를 보호할 수 있는 수단도, 보호해 줄 사람도 그리고 구제해 줄 사람도 없다는 것입니다.

제도적 장치의 부재

스캠과 러그풀은 탈중앙화의 양면성과 현재 NFT 시장의 취약점을 설명하기 위한 사례일 뿐이며 NFT 시장을 깊이 있게 들여다보면 훨씬 다양하고 많은 문제점이 있습니다. 엄밀히 말하면 문제점이라기보다는 아직 메워지지 않은 허점 또는 규칙이 존재하지 않는 무법 지대라고 하는 편이 적절한 표현일 것 같네요.

최근 국내뿐 아니라 미국을 비롯한 해외에서도 자주 대두되는 이슈는 바로 과세입니다. 우리가 물물교환으로 NFT를 거래하지 않는 이상 NFT 시장에서는 자금이 유통됩니다. 즉, 돈의 흐름이 발생한다는 뜻이죠. 특히나 지금처럼 NFT 시장이 이전에 본 적 없을 만큼 급격한 속도로 성장하고 있는 상황에서는 우리가 상상할 수 없을 정도의 자금이 NFT 시장으로 흘러 들어갑니다. 그런데 NFT 시장에서 사용되는 자금은 원화나 달러가 아닌 암호화폐입니다. 그리고 암호화폐는 현재 명확한 자본법, 금융법 그리고 세법상 규정을 적용받지 않습니다. 즉, NFT에 대해 어떤 제도적 장치도 마련돼 있지 않은 상황이라고 할 수 있습니다. 이와 관련해 블록체인과 탈중앙화 추종자들은 정부의 제도적 장치는 시장을 중앙화된 체제로 회귀하게 만들 것이라며 현재 상황이 계속 유지돼야 한다고 주장합니다. 반면 국가와 정부는 세수 확보와 더불어 자금 세탁, 사기 피해 등 악용 사례를 방지하고 잠재적 피해자를 보호하기 위해 현재 금융시장에 적용되는 것과 유사한 형태의 규정이 필요하다는 입장입니다. 물론 최근에는 암호화폐나 NFT 시장 특성에 최적화된 형태의 제도적 장치를 만들어 내는 것으로 논의가 진행되고 있지만 중요한 사실은 아직까지는 아무런 제도적 장치가 없다는 것입니다. 따라서 NFT 시장에서 스캠, 러그풀 같은 개인적 사기나 자금 세탁 같은 기업형 부정행위를 미연에 방지할 수 있는 보호 수단도 없을 뿐더러 피해자를 구제할 수 있는 구제 수단도 없습니다.

과세 여부, 권력형 기관을 중심으로 한 제도적 장치 도입 같은 이슈는 아무 결론도 나지 않은, 현재 진행 중인 매우 민감한 사안이라 이 책에서 다루지는 않을 것입니다. 해당 이슈에 대한 제 개인적 의견도 밝히지 않겠습니다. 하지만 NFT 시장에 뛰어들고자 하는 여러분이 현재 NFT 시장에 어떤 무법 지대가 있는지 명확하게 알고 있어야 한다는 사실은 달라지지 않습니다.

탈중앙화 환상: 메타데이터

제도적 장치의 부재가 NFT 외적 측면에서 촉발되는 이슈라면 NFT 내적으로 발생하는 이슈도 있습니다. 저는 이를 '탈중앙화 환상'이라고 표현하려고 합니다. 결론부터 말하자면 NFT의 시작은 탈중앙화였지만 지금 NFT가 만들어지는 행태는 탈중앙화와는 거리가 멉니다. NFT가 탈중앙화라는 가치를 지향할 수 있었던 것은 블록체인 때문이라고 설명했습니다. 블록체인이라는 훼손 불가능한 공간에 데이터를 저장해 둠으로써 데이터가 인위적 개입으로부터 온전히 보존되는 것이었죠. 그렇다면 과연 블록체인에 저장되는 NFT 데이터에는 어떤 것이 있을까요?

먼저 모든 NFT 거래 정보가 기록됩니다. 누가, 언제, 몇 시 몇 분에, 누구로부터, 얼마에, 어떤 NFT를, 몇 개 거래했는지 등의 정보가 상세하게 기록되고 거래 과정에서 발생한 수수료가 얼마인지까지도 모두 기록됩니다. 그래서 블록체인에서 하나의 NFT를 조회하면 그 NFT가 제작된 순간부터 현재까지의 모든 거래 내역이 마치 회계장부처럼 시간순으로 보입니다. 이렇게 블록체인에 저장되는 NFT 데이터라고 하면 대부분 거래 관련 데이터를 많이 떠올리지만 사실 블록체인에는 NFT 자체 정보도 함께 저장됩니다.

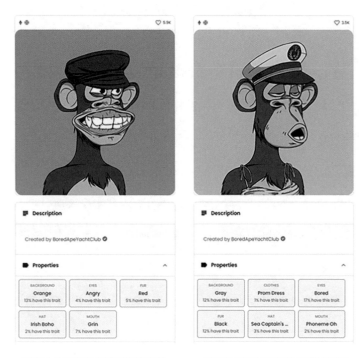

그림 24. BAYC #3368의 오픈시 프로필   그림 25. BAYC #8520의 오픈시 프로필

모든 NFT는 특성을 보유하고 있습니다. 내가 가진 크립토펑크와
다른 사람이 가진 크립토펑크는 각각이 고유하기 때문에 생김새가
다르고 이는 서로 다른 특성으로 정의됩니다.

〈그림 24〉와 〈그림 25〉 두 NFT는 각각 BAYC #3368과
#8520의 정보입니다. 시리얼 넘버 #3368과 #8520 NFT는 서로 다
른 특성들이 조합돼 총 9999개의 BAYC NFT 중 단 하나밖에 없

는 특성을 지닙니다. 즉, 9999개의 BAYC NFT 모두 서로 생김새가 다르고 고유하다는 것이죠. 이때 생김새를 규정하는 특성은 프로필에 적혀 있는 것처럼 배경^{Background}, 눈^{Eyes}, 털^{Fur}, 모자^{Hat}, 입^{Mouth}으로 조합됩니다. 물론 특성은 제작자가 자유롭게 세팅할 수 있습니다. 날개를 만들 수도 있고 액세서리를 만들 수도 있죠. 이런 특성들은 개별 NFT가 고유한 것, 즉 이 세상에 단 하나만 존재하도록 만들어 준다는 측면에서 고유성을 규정하는 매우 중요한 NFT 구성 요소가 됩니다. 만약 이 특성을 임의로 변경하거나 조작할 수 있다면 NFT의 고유성은 훼손되겠죠. 따라서 제작자들은 NFT 특성 데이터 역시 블록체인에 저장함으로써 NFT를 훼손할 수 없는 고유성을 지닌 대체 불가능한 것으로 만듭니다.

이처럼 블록체인에 NFT에 관한 모든 정보가 저장된다는 점은 제작자가 중앙에서 데이터를 컨트롤할 수 없는, 모두에게 공개된 탈중앙화 방식이라고 볼 수 있습니다. 하지만 암호화폐와 블록체인을 공유하는 NFT의 특성상 시간이 지날수록 블록체인에는 셀 수 없을 만큼 많은 블록이 쌓입니다. 지금 이 순간에도 전 세계에서는 암호화폐와 NFT가 거래되고 있습니다. 하나의 거래가 발생할 때마다 1개의 블록이 생성된다고 했을 때 이더리움이라는 블록체인상 1초에 몇 개의 블록이 생성될지 상상할 수 있나요? 즉, 블록체인에 생성된 블록이 누적될수록 보안성과 안전성은 높아지지만 그만큼 블록체인 네트워크의 복잡성도 증가하는 것입니다. 네트워크의 복잡성은 가스비 *Gas Fee* 개념과 관련 있는데 간단하게 설명하면 네트워크의 복잡성이 증가할수록 제작자가 NFT 데이터를 블록체인에 보관하는 데 들어가는 비용도 증가하게 됩니다.

이 때문에 최근 NFT 제작자들이 비용을 줄이기 위해 NFT 특성 데이터를 블록체인에 보관하지 않는 경우가 늘고 있습니다. 외부 데이터 저장 공간에 NFT 특성 데이터를 저장해 두고 블록체인에는 특성 데이터가 저장된 위치 데이터만 저장해 두는 것입니다. 그러면 블록체인이라는 기술을 통해 온전하게 보호되는 데이터는 단순한 위치 데이터가 되기 때문에 위치 자체는 훼손이 불가능하지만 그 위치에 있는 데이터는 외부 공간에 있으므로 사실상 대체 불가능하지 않아집니다. 제작자가 마음만 먹으면 얼마든지 변경하거나 조작할 수 있죠. 물론 해킹도 가능합니다. 이는 블록체인 기술을 통해 훼손 불가능한 고유성을 갖는다는 NFT가 대체 어떻게 러그풀이나 해킹 같은 범죄의 대상이 될 수 있는지 잠깐만 생각해 보면 알아차릴 수 있는 일이죠. 러그풀이 가능한 것은 데이터가 훼손 불가능하지 않다는 뜻이고 데이터가 블록체인이 아닌 다른 공간에 저장돼 있다는 뜻이 됩니다.

물론 모든 NFT 제작자와 프로젝트가 이런 꼼수를 사용하는 것은 아닙니다. 하지만 NFT는 탈중앙화 가치를 지향한다는 점에서 잠재적 시장가치를 인정받고 많은 기업과 투자자가 열광하고 있음에도 실제 NFT 시장의 음지에서는 탈중앙화라는 탈을 쓴 채 꼼수들이 자행되고 있다는 사실만은 명백합니다.

우리는 탈중앙화라는 환상에 사로잡혀 눈과 귀를 닫고 맹목적으로 NFT를 추종할 것이 아니라 지금까지 살펴본 NFT 이면에 존재하는 어두운 측면과 무법 지대를 충분히 인지한 채 항상 비판적인 시각을 견지해야 합니다. NFT를 다루는 제도적 장치를 만들 것인가? 모든 데이터를 블록체인에 지장하도록 의무화할 것인가? 이런 문제들까지 투자자인 우리가 고민하고 해결할 필요는 없습니다. 하지만 부정적인 측면을 명확하게 아는 것은 자산과 정신 건강을 지키기 위해 반드시 필요한 일입니다.

저작권 대 소유권

NFT의 저작권 문제는 많은 사람이 궁금해하는 부분입니다. NFT를 이야기할 때마다 저작권 이슈가 그림자처럼 따라오는 이유는 바로 NFT가 디지털 파일이기 때문입니다. 대학교에서 과제를 할 때 혹은 회사에서 자료를 만들 때 우리는 인터넷에 접속해 필요한 이미지들을 검색하고 저장한 다음 사용합니다. 해당 이미지가 공식적 자료거나 그 이미지를 사용한 제작물로 수익을 창출하는 경우에는 반드시 저작권 문제를 해결해야 합니다. 무단으로는 사용할 수 없다는 뜻이죠. 하지만 그렇지 않은 경우 저작권 문제가 있음을 알면서도 무단으로 이미지를 사용할 때도 있습니다. 디지털 파일 특성상 저작권자에게 직접 이미지를 받지 않아도 컴퓨터에 설치돼 있는 캡처 도구나 핸드폰을 이용해 캡처하면 쉽게 이미지를 가져다 쓸 수 있다 보니 무단 사용의 유혹에 빠지고 맙니다. 작은 고백이지만 제가 대학 시절 만든 과제 파일을 열어보면 아마 대부분 저작권료를 지불하지 않은 이미지를 사용했을 것입니다.

NFT 역시 디지털 파일이라는 점에서 무단 사용의 위험에서 자유로울 수 없습니다. 나는 비싼 돈을 지불하고 NFT를 구매했지만 오픈시에 접속하면 누구나 내가 보유한 NFT를 조회할 수 있죠. 그리고 캡처 혹은 이미지 저장 기능으로 내 NFT 이미지를 사용할 수도 있습니다. 심한 경우 누군가 내 NFT를 마치 자신의 NFT인 양 사용할 수도 있을 것입니다. 타인이 소유하고 있는 NFT 이미지를 다운로드해 디지털 액자에 넣은 다음 집에 전시해 둔다면? 굳이 비싼 돈을 지불하지 않아도 NFT가 주는 심미적 가치를 마치 미술품처럼 현실에서 즐길 수 있죠. 그 디지털 액자를 전시회에 출품해 전시하지 않고 평생 집에 두고 나와 내 가족들만 본다면 아마 문제가 될 일은 절대 없을 것입니다. 가격이 비싸면 비쌀수록 이 같은 저작권 문제에 민감해지고 예민해집니다. 사실 온라인 공간에 존재하는 무수히 많은 디지털 파일은 전부 저작권법의 테두리 안에 있습니다. 모든 저작물에 대해 저작권법 위반 시비를 따진다면 법적으로 해결도 가능합니다. 단지 법적 논쟁까지 이어지지 않고 있을 뿐이죠. 그럼 NFT는 어떨까요? NFT도 다른 디지털 파일처럼 저작권 문제가 발생했을 때 현행 저작권법으로 분쟁을 해결할 수 있을까요? NFT의 저작권은 대체 어떻게 되는 걸까요?

NFT는 블록체인이라는 새로운 공간에 존재하는 가상 자산이니 새로운 저작권법이 있어야 하는 거 아닌가 생각할 수도 있지만 NFT 역시 현실의 기타 저작물처럼 현행 저작권법의 영향을 받습니다. 현행법상 창작자는 특정한 저작물을 제작하는 시점에 자동으로 저작권을 갖게 됩니다. 이때 등록 문제가 발생하는데요, 창작자는 한국저작권위원회에 자신의 창작물에 대한 저작권을 공식적으로 등록할 수 있지만 저작권법에서 정의하는 저작권이 등록에 의해 효력이 발생하는 것은 아닙니다. 창작을 통해 저작물이 제작되는 순간 자동으로 저작권을 소유하기 때문에 굳이 저작권을 등록하지 않더라도 창작자가 저작권을 갖는다는 뜻이죠. NFT도 이와 마찬가지로 창작자가 NFT를 제작하는 순간 모든 저작권이 창작자에게 귀속됩니다. NFT 구매자가 창작자에게서 NFT를 구매하는 경우에도 저작권은 여전히 창작자에게 있으며 구매자는 해당 NFT의 '소유권'을 가집니다. 따라서 NFT 보유자는 해당 NFT를 활용해 2차 저작물을 제작할 수 없으며 저작권자와의 협의 없이 2차 저작물을 통해 수익을 창출하면 저작권법 위반에 따른 법적 처벌을 받습니다.

정리해 보면 우리가 특정 NFT를 구매하는 경우 해당 NFT의 소유권을 얻게 되며 소유권자는 해당 NFT를 마음껏 향유할 수 있습니다. SNS 계정 프로필로 사용할 수 있고 전자기기 배경화면으로도 사용할 수 있으며 디지털 액자에 넣어 집에 전시할 수도 있습니다. 하지만 저작권은 없기 때문에 해당 NFT를 기반으로 한 2차 저작물을 제작할 수 없고 마찬가지로 2차 저작물을 이용한 수익 창출 역시 불가능합니다.

언뜻 복잡해 보이지만 사실 NFT 저작권 문제는 오히려 간단한 방법으로 해결될 수 있습니다. 저작 증명과 소유 증명이 기타 미술품, 예술품 등 기존 콘텐츠에 비해 간단하고 정확하기 때문입니다.

블록체인 네트워크에 모든 NFT의 저작자가 증명돼 있고 소유권 이전 관련 정보들이 투명하게 공개돼 있기 때문에 법적 분쟁이 발생하거나 저작권 침해 의심 사례가 있을 때 좀 더 쉽게 문제를 해결할 수 있다는 장점이 있죠.

NFT는 새로운 영역이니만큼 저작권과 소유권에 대해 무지한 영역, 회색지대Grey Zone가 존재할 수 있습니다. 앞에서 설명한 것처럼 NFT의 저작권과 소유권을 명확히 구별하고 무지로 발생할 수 있는 문제를 사전에 방지하는 것 역시 NFT 활동을 시작하는 우리가 반드시 꼼꼼하게 알아둬야 하는 일입니다.

NFT가 휴지 조각이
될 수 없는 이유

NFT에도
기능이 있다

수집 이상의 목적

NFT가 갖는 기술적 이점과 눈에 보이는 그림 이상의 가치는 지금까지 충분히 설명했습니다. 물론 여전히 의문점이 남아 있는 사람도 있을 것이고 NFT가 이렇게까지 높은 평가를 받는 데 어느 정도 공감하는 사람도 있을 것입니다. 주식 트레이더로 활동하던 제가 처음 NFT를 접했을 때만 해도 저 역시 NFT의 가치에 의문을 품고 있었습니다. '아무리 새로운 가치와 새로운 시장이라고 하더라도 대체 이런 그림 하나에 수십억 원의 비용을 지불하는 이유가 뭘까?'에 대한 고민이 늘 뒤따랐습니다. 하지만 NFT를 공부하면 할수록, 직접 NFT라는 바다에서 헤엄치면 칠수록 점점 NFT의 가치에 대한 믿음이 생겼습니다. NFT가 휴지 조각이 될 수 없는 이유는 크게 두 가지가 있습니다. 바로 '효용'과 '공동체'입니다.

인간의 본성, 희소성 수집욕

2021년 NFT 시장이 처음 형성되고 크립토펑크나 BAYC 같은 조상격 NFT 프로젝트가 막 생겨나기 시작했을 때 NFT는 수집 목적이 주를 이뤘습니다. 여러 번 설명한 것처럼 기본적으로 NFT는 한정된 발행개수, 일련번호 그리고 특성에 의해 희소성과 고유성을 갖습니다. 블록체인 분야에서 활동하던 사람들이나 암호화폐 투자자들을 중심으로 몇몇 소수 얼리 어답터들이 NFT라는 새로운 수집품에 흥미를 느껴 본격적인 수집 활동을 시작한 것이죠. 누군가는 SNS 프로필 사진을 자신이 보유한 NFT로 바꾸기도 했고 그때 당시 규모가 아주 작았던 NFT 커뮤니티들에 자신이 보유한 NFT를 자랑하기도 했습니다.

인간은 본디 희소한 것을 수집하려는 욕구를 지니고 있습니다. 심리학이나 인류학 혹은 인문학처럼 인간의 본성과 욕구를 다루는 학계 연구 자료를 찾아보지 않더라도 우리는 이미 수집욕이 무엇인지 잘 알고 있습니다. 편의점에서 빵을 사고 그 안에 들어 있는 '띠부띠부씰'이라는 스티커를 수집하기도 하고 유행하는 만화영화 캐릭터가 그려진 딱지나 스포츠 스타 카드팩을 수집하는 등 남녀노소 할 것 없이 지금도 많은 사람이 자신이 좋아하고 희소성 있는 수집품을 모으며 살아가고 있습니다. 명품 시계나 가방, 스포츠카 등 더 값비싼 수집품을 수집하는 사람도 많죠.

이렇게 조금만 세상을 둘러보면 수많은 희소한 것에 대한 인간의 본능적 욕망을 발견할 수 있습니다. 문제는 특정 재화의 희소성을 판단하는 기준이 상대적이라는 것입니다. 누군가에게는 충분한 비용을 지불할 만큼의 가치가 있는 것이 누군가에게는 그저 불필요한 지출 혹은 낭비로 여겨집니다. 제가 스포츠 스타 카드팩은 모아봤어도 띠부띠부씰을 모으기 위해 돈을 주고 빵을 사 먹은 적은 없었던 것처럼 말이죠.

초기 NFT 시장도 이와 별다를 바 없었습니다. 이미 블록체인이 지향하는 탈중앙화에 높은 가치와 의미를 부여하던 사람들은 자연스레 NFT의 희소성과 고유성에도 높은 가치를 두고 있었고 NFT 시장은 그들을 중심으로 형성됐습니다. 아무래도 블록체인 자체가 일부 암호화폐 투자자를 제외한 일반 대중에게 친숙한 분야는 아니다 보니 초기 NFT 역시 그들의 많은 관심을 받지는 못했습니다. 하지만 블록체인과 NFT의 가치를 이해하고 발 빠르게 움직인 수많은 기업의 진출과 NFT의 질적 발전으로 시장은 점차 대중화되고 있습니다. 그리고 그 중심에는 효용이라는 가치가 숨어 있습니다. 제 개인적 견해지만 몇 년 뒤 NFT 시장은 '이 NFT가 어떤 효용을 주느냐'에 의해 금전적 가치가 결정될 만큼 효용을 중심으로 시장이 구성될 것으로 보입니다.

너는 내게 어떤 혜택을 줄래?

NFT에서 말하는 효용은 일종의 유틸리티, 즉 기능을 의미합니다. 빠른 속도로 NFT 시장이 성장하고 다양한 NFT 프로젝트가 등장하기 시작하면서 점차 특정 기능을 갖는 NFT가 생겨났습니다. 사실 효용도 엄밀히 말하면 희소성의 연장선상에서 생각할 수 있는데요, NFT의 효용성이 희소성과 관련되는 이유는 바로 총발행 개수 때문입니다.

어떤 프로젝트든 제작자는 NFT를 무한정 발행하지 않습니다. 초기 개발 단계부터 총 몇 개의 NFT를 발행할지 개수를 정해두고

그림 26. 두들스 홈페이지에 소개된 총발행개수 1만 개 정보

해당 개수 이상은 제작하지 않죠. 발행개수가 정해진 순간 이미 희소성이 생기는 것입니다.

이런 상황에서 NFT가 보유자에게 엄청난 혜택을 준다면 어떻게 될까요? 그 혜택을 받고 싶은 사람은 NFT를 반드시 보유해야만 하는데 총발행개수는 정해져 있으니 같은 혜택을 원하는 모든 잠재적 수요자와 경쟁할 수밖에 없습니다. 이렇게 공급 대비 과도한 수요 발생과 수요자 간의 치열한 가격경쟁은 NFT의 금전적 가치가 지속적으로 상승하는 원인이 됩니다.

배타적 커뮤니티 입장권

처음에 효용이라는 개념은 커뮤니티 입장의 형태로 더해졌습니다. NFT 보유자만 커뮤니티에 입장할 수 있게 하는 배타적 효용 기능으로 크게 성공한 프로젝트가 바로 BAYC입니다.

기본적으로 NFT 프로젝트는 디스코드라는 온라인 채팅 플랫폼에서 각자의 커뮤니티를 운영하며 커뮤니티에는 BAYC 홀더*Holder*, 즉 보유자가 아니더라도 모두 참여가 가능합니다. 하지만 BAYC는 모두가 참여할 수 있는 디스코드 커뮤니티와는 별개로 '배스룸*THE BATHROOM*'이라는 웹 공간을 만들었습니다. 배스룸은 BAYC 홈페이지

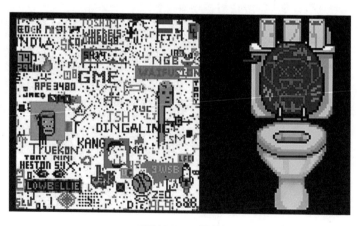

그림 27. BAYC 배스룸

에서 BAYC NFT를 보유하고 있음을 증명한 사람들만 입장할 수 있는 배타적 공간으로 BAYC 홀더들은 배스룸에 픽셀 형태의 낙서를 할 수 있는 권한을 얻습니다.

누군가는 자신의 SNS 계정 아이디를 기록하기도 하고 누군가는 자신이 보유한 BAYC NFT의 일련번호(예를 들어 BAYC #3480)를 남기도 합니다. 얼핏 보기에는 사소한 행동처럼 보이지만 실제 BAYC 홀더들은 '아무나 할 수 없는 행동'을 할 수 있는 특별하고 배타적인 권리를 얻었다는 사실 자체만으로 일종의 상대적 우월감과 유사한 심리적 만족감을 얻습니다. 그리고 이런 만족감은 BAYC의 가격이 상승하면 상승할수록 점점 커지죠. 물론 배스룸이라는 온라인 공간에 낙서 한 줄 남기기 위해 수천만 원이 넘는 비용을 지불하고 BAYC를 구매하는 사람은 거의 없겠지만 이런 배타적 커뮤니티의 운영은 기타 이유들로 구매를 망설이던 사람들이 구매를 결심하게 하는 부가 요인 중 하나로 작용하고 있습니다.

BAYC의 초기 배타적 커뮤니티 모델에서 나아가 점차 많은 프로젝트가 NFT 홀더들만 참여할 수 있는 공간을 만들어 내기 시작했습니다. 대부분은 '알파Alpha 커뮤니티'라고 불리는 형태로, BAYC처럼 자체 웹페이지를 통해 구현되기도 하지만 현재 대다수 알파 커뮤니티는 접근성을 높이기 위해 디스코드 채널을 활용하고 있습니

그림 28. 특정 NFT 홀더에게만 보이는 디스코드 알파 채널

다. 각 NFT 공식 디스코드 채널에는 홀더·비홀더 모두가 참여할 수 있는 채널이 있으며 그중 하나로 NFT 보유를 인증한 홀더들만 참여할 수 있는 비공개 채널을 운영하는 방식입니다.

이런 비공개 채널에서는 NFT에 관한 프리미엄 정보를 배타적으로 제공하며 홀더들만 참여할 수 있는 다양한 이벤트도 진행합니다. 알파 커뮤니티는 대부분 해당 프로젝트 규모, 프로젝트 관리자 역량 등에 따라 질적 차이가 생기기 때문에 많은 NFT 투자자가 어떤 NFT의 알파 커뮤니티가 효과적으로 운영되고 있는지 탐색하고 더 좋은 알파 커뮤니티가 있는 NFT를 구매하려고 합니다.

온·오프라인 연계 혜택

NFT가 새로운 미래 먹거리로 각광받으면서 많은 기업이 자신의 지적재산권*Intellectual property, IP*을 기반으로 NFT 사업에 뛰어들고 있습니다. 이미 많은 기사에서 보도된 대로 국내외 여러 게임사들이 P2E*Play-to-Earn* 방식의 게임과 함께 NFT 도입을 준비하고 있고 게임사뿐 아니라 엔터테인먼트, 패션 등 다양한 분야의 브랜드들이 NFT 사업에 발을 들이고 있습니다.

기업의 NFT 사업 진출은 지극히 자연스러운 일입니다. 첫째, 자신들이 사업을 영위하면서 쌓아온 브랜드 파워, 즉 IP 영향력을 기반으로 탄탄한 팬층을 확보한 상태에서 효율적으로 NFT 사업을 해나갈 수 있습니다. 여러분이 NFT 투자자라면 일면식도 없는 해외에 있는 누군가가 만든 NFT를 선택할까요, 아니면 인지도가 높아 친숙한 브랜드가 직접 만든 NFT를 선택할까요?

물론 어떤 경우에나 브랜드 기반의 NFT가 좋은 선택지라는 뜻은 아니지만 브랜드는 일상생활에서 이미 대중에게 사랑받아 믿고 살 수 있는 보증수표 같은 역할을 하기 때문에 NFT 시장에서도 마찬가지로 작용합니다. 만약 명품 패션 브랜드 루이비통이 제작한 NFT, 명품 자동차 브랜드 롤스로이스에서 제작한 NFT가 있다면

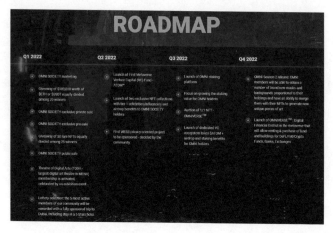

그림 29. 옴니 소사이어티*OMNI Society* NFT의 홈페이지에 소개된 로드맵

이름만 들어도 한번 알아보고 싶고 구매해 보고 싶다는 생각이 들지 않나요?

기업이 NFT 사업에 진출하기 시작하면서 NFT 효용은 점차 오프라인과 연계되고 있습니다. 이것이 가능한 이유는 바로 브랜드의 IP 때문입니다. 대다수 NFT 프로젝트의 잠재적 리스크는 바로 사업화입니다. NFT의 생애 주기를 보면 대부분 첫 NFT 제작 및 판매 이후 로드맵*Roadmap*이라는 청사진을 갖고 있습니다.

로드맵은 사업 계획서 같은 역할을 합니다. '몇 분기에 무엇을 만들어 낼 것이고 몇 분기에 어떤 토크노믹스*Tokenomics*를 구축하고 언제 메타버스 생태계를 만들겠다'같이 NFT 사업의 청사진을 보여줌

그림 30. 두어 다슬스 NFT 홈페이지

니다. 하지만 특정 개인 혹은 팀으로 모여 제작되는 NFT는 운영진의 역량에 따라 로드맵을 구현하지 못하고 흐지부지되는 경우도 많기 때문에 NFT 프로젝트가 성장할 수 있는 모멘텀을 금세 잃어버리기도 합니다. 하지만 이미 오프라인에서 탄탄한 사업을 하고 있는 브랜드들은 NFT 사업 계획서를 구현할 인적, 물적 자원이 충분하고 역량도 뒷받침되기 때문에 더 안정감 있게 NFT 사업을 영위할 수 있다는 상대적 강점이 있습니다. 특히나 오프라인에서 강한 IP를 갖고 있는 엔터테인먼트 혹은 패션 브랜드 들은 IP와 NFT를 연계해 제공할 수 있는 혜택이 다양합니다. NFT 홀더들만 구매할 수 있는 한정판 커스텀 의류를 제작해 판매하거나 소속 연예인들과의 배타적 팬미팅, 팬사인회 등을 개최하기도 하죠. 만약 요식업 브랜드가 NFT를 만든다면 현실에서 체인점을 방문했을 때 홀더 인증을 하면 할인해 주거나 추가 포인트를 적립해 주는 방식의 혜택도 구현 가능합니다. 실제로 캐릭터 IP 사업을 진행하는 브랜드 '두어 다슬스*Dour Darcels*'는 루이비통, 파리 패션 위크 등과 협업을 해왔는데요, 최근 출시된 두어 다슬스 NFT는 탄탄한 브랜드 파워를 기반으로 높은 가격대를 유지하며 많은 팬층을 보유하고 있습니다. 아마 두어 다슬스 NFT 보유자들은 단기적으로 NFT 가격이 하락하더라도 두어 다슬스라는 IP의 힘을 믿고 안정적으로 NFT 투자를 진행할 수 있지 않을까요?

두어 다슬스뿐 아니라 국내에서 진행 중인 프로젝트 중에도 오프라인과 연계해 혜택을 제공한 사례가 있습니다. 2022년 1분기 뜨거운 감자였던 '선미야클럽*Sunmiya Club*' NFT도 그중 하나입니다.

선미야클럽은 FSN이라는 회사에서 선미라는 케이팝 가수와 협업해 제작한 NFT입니다. 선미는 한국 대중가수로 두터운 팬층을 보유하고 있어 홀더들을 대상으로 선미 팬사인회, 선미 콘서트 입장권 등 다양한 혜택을 제공한다는 사실만으로도 많은 인기와 관심을 끌었습니다. 이뿐 아니라 국내 다양한 주류 업체들과 파트너십을 체결해 음주 문화를 즐기는 재미를 선사하겠다는 '드렁큰돌*Drunken Doll*' NFT, 카카오톡 이모티콘 기반의 캐릭터 IP 사업을 토대로 홀

그림 31. 선미야클럽 NFT 홈페이지

더에게 배타적 혜택을 제공하겠다는 '밀당해피니스*Mildang Happiness*'

NFT 등 많은 기업이 온·오프라인을 연계한 부가적이고 배타적인

효용을 제시하며 NFT 시장의 판도를 바꿔 나가고 있습니다.

어떤 공동체에
소속될까?

이제 NFT는 단순히 디지털 예술 작품이라는 심미적 가치만 제공하는 데서 벗어나 공동체의 결속력을 높이고 NFT 홀더들이 커뮤니티 구성원으로서 공동체적 가치를 함양하게 하는 수준까지 발전하고 있습니다.

인간은 본디 사회적 동물이라는 말이 있듯 우리는 태어나면서부터 죽을 때까지 공동체의 일원으로 살아갑니다. 내가 속한 도시, 국가처럼 태어날 때부터 자연적으로 부여되는 공동체가 있는가 하면 학창 시절 들었던 동아리, 근무하고 있는 회사처럼 살아가면서 선택적으로 소속되는 공동체도 있죠. 우리는 어떤 공동체에 소속될지를 특별한 기준에 따라 고릅니다. 내 관심사나 이념, 신념 등을 공유하는 공동체를 주로 선택하죠. 선택적 공동체는 공통된 가치를 추구하는 사람들이 모여 있다는 점에서 기본적으로 높은 결속력과 소속감을 형성합니다. NFT는 온라인 태생이기 때문에 전 세계 사람들과 쉽게 소통할 수 있다는 점에서 커뮤니티, 즉 공동체를 반드시 포함하고 있습니다. 다시 말해 NFT를 보유한다는 것은 심미적 즐거움을 향유할 수 있는 디지털 파일을 보유함과 동시에 NFT 보유자들로 구성된 공동체에 소속됨을 의미하고 이런 NFT 커뮤니티는 개인이 구매라는 행위를 통해 선택적으로 참여한다는 점에서 높은 결속력과 소속감을 지닙니다.

여성은 강인하다, 월드 오브 위민

공동체적 가치를 기반으로 전 세계에서 많은 인기를 끌고 있는 프로젝트가 있습니다. 바로 '월드 오브 위민*World of Women*'입니다.

약칭 'WoW'로 불리는 이 NFT 프로젝트는 이름에서도 알 수 있듯 여성의 강인함을 보여주고 여성적 가치를 존중하자는 뜻에서 기획된 프로젝트입니다. 아트워크 역시 전 세계에 존재하는 다양한 여성을 모티프로 만들어졌습니다. 여성의 강인함, 존엄성 등을 주

그림 32. WoW NFT 홈페이지

장하는 방식은 다양합니다. 여성주의 단체를 만들어 사회운동을 할 수도 있고 단체에 가입해 활동하진 않지만 기부를 통해 지지를 보낼 수도 있습니다. WoW는 여성의 강인함과 존엄성을 예술로 표현합니다. 성공한 여성 CEO, 여성운동가 등 사회적으로 긍정적인 영향력을 미치는 인물을 초청해 강연이나 세미나를 진행하는 등 여성을 주제로 많은 콘텐츠를 생산해 내고 있습니다. 물론 WoW 커뮤니티에는 NFT 관련 이야기뿐 아니라 일상의 시시콜콜한 이야기도 많이 오갑니다.

단순히 눈으로 보고 즐기는 예술에서 그치지 않고 여성의 존엄성이라는 공동체적 가치를 기반으로 사람들을 결속한 WoW 프로젝트는 단숨에 전 세계 NFT 투자자들의 관심을 받았습니다. 현재

그림 33. WoW NFT의 최소 거래가 약 8이더리움

BAYC의 뒤를 잇는 차세대 블루칩 프로젝트로 조명받고 있으며 당연히 아주 높은 가격에 거래되고 있습니다.

WoW의 영향력은 여기서 그치지 않습니다. WoW 프로젝트 홍행 이후 '보스 뷰티*Boss Beauties*'와 같은 여성의 존엄성과 관련한 여러 프로젝트가 파생되고 있고 WoW는 이런 프로젝트와의 협업을 통해 공동체의 결속력을 강화해 나가고 있습니다.

WoW로 시작된 NFT의 공동체적 가치 표현에 주목해야 하는 이유는 앞으로도 무수히 많은 사회적 이슈를 해결하기 위한 공동체가 NFT를 매개로 형성될 것이기 때문입니다. 환경보호, 전쟁, 빈곤 등 사회에 산적해 있는 이슈에 자신의 목소리를 내고자 하는 욕구는 충분히 존재하니까요. 선택적 공동체는 결속력과 소속감이 강하다는 측면에서 볼 때 이 같은 형태의 NFT 커뮤니티는 점점 더 강한 영향력을 갖게 될 것입니다.

CX, 고객 경험에서 커뮤니티 경험으로

마케팅 분야에 종사하는 사람이라면 'CX$^{Customer\ Experience}$', 즉 고객 경험이라는 단어를 많이 들어봤을 것입니다. CX란 회사 입장에서 고객에게 단순히 제품의 가격적, 기능적 이점만이 아닌 어떤 특별한 경험을 제공해야 한다는 것으로 NFT 시장에서도 CX는 정말 중요합니다. NFT의 CX는 고객 경험이 아닌 커뮤니티 경험$^{Community\ Experience}$을 뜻합니다.

NFT CX의 가장 대표적인 사례는 바로 2022년 1분기에 두들스가 진행한 SXSW 행사입니다. SXSW는 '사우스 바이 사우스웨스트$^{South\ by\ Southwest}$'의 약자로 매년 미국 텍사스주 오스틴에서 열리는 영화, 인터랙티브 혹은 음악 페스티벌 등을 통칭합니다. 1987년 시작된 유서 깊은 이 행사에는 평균 50여 개국 2만여 명의 관계자들이 참여합니다. 두들스는 오프라인 행사장을 마련해 자신들의 NFT 아트워크를 모티프로 한 다양한 체험 행사를 진행했습니다. 입장하는 순간부터 퇴장할 때까지 두들스의 정체성을 만끽할 수 있는 여러 인터랙티브 체험을 제공했죠. 이 행사의 가장 큰 목적 중 하나는 관객으로 하여금 '아, 나도 이 커뮤니티의 일원이 되고 싶다'는 마음이 들게 하는 것 아니었을까 합니다. NFT에 관심이 있고

그림 34. 2022년 3월 텍사스에서 열린 SXSW 행사 전경

두들스 NFT를 알고 있는 사람이라면 누구나 이 행사를 보고 이 커뮤니티의 일원이 되고 싶다는 생각이 들었을 듯합니다(저도 두들스 NFT를 하나 사볼까 했답니다). 물론 이미 두들스 NFT를 보유하고 있던 홀더들에게는 더할 나위 없이 즐겁고 행복한 경험이었을 것입니다. 홀더들과 함께 다양한 인터랙티브 활동을 즐기고 교류하면서 내가 이렇게 대단하고 멋진 프로젝트의 일원이라는 사실에 상당한 심리적 만족감을 느꼈을 테니까요. 실제로 NFT를 통해 유명 인사가 된 비플^{Beeple} 역시 이 행사에 참여해 이런저런 인터랙티브 체험

을 즐기고 갔다고 하니 두들스 홀더들은 금전적 가치로 환산할 수 없을 정도의 CX를 한 셈입니다.

두들스의 SXSW 행사에서 가장 인상 깊었던 것은 가족 단위 방문객이 많았다는 점입니다. NFT 투자가 단순히 어른들만의 취미거나 돈벌이 수단이었다면 온 가족이 함께 참여하는 경우는 드물었겠죠. 하지만 두들스라는 NFT를 매개로 공동체를 이룬 사람들이 갓난아이를 품에 안고 참석해 CX를 즐겼다는 것은 NFT가 지닌 공동체적 가치의 강력함을 방증하는 사례입니다.

두들스가 캐주얼한 분위기의 CX를 제공했다면 BAYC는 유명 톱스타들이 수십억 원이라는 돈을 주고 구매하는 NFT답게 홀더들을 대상으로 2021년 에이프 페스트$^{Ape\ FEST,\ 유인원\ 축제}$를 개최해 완전히 배타적이고 호화로운 CX를 제공했습니다.

에이프 페스트는 BAYC 홀더들만을 위한 축제로 갤러리 파티, 요트 파티, 굿즈 팝업 및 뉴욕 자선 만찬 등 다양한 행사를 진행했습니다. 해외 내로라하는 유명 인사들이 대거 참여한 초호화 페스티벌이었죠. 만약 여러분이 BAYC 홀더였다면 그리고 BAYC 홀더라는 자격 하나만으로 해외 유명 인사들과 함께 뉴욕 자선 만찬 행사에 참여할 수 있었다면 어떤 기분이 들었을까요? 아마 인생에서 잊지 못할 경험 중 하나로 기억되지 않았을까요?

가족 단위로 방문할 만큼 캐주얼하지만 본인들의 정체성을 잘 담아낸 행사를 진행한 두들스, 마치 명품 브랜드 파티처럼 배타적이고 호화로운 축제를 연 BAYC뿐 아니라 다양한 NFT 프로젝트들이 이 같은 행사를 주최하고 있습니다. 자신들의 NFT 아트워크로 꾸며진 행사장에서 굿즈를 나눠주며 인터랙티브 체험을 통해 NFT를 매개로 한 끈끈한 CX를 경험하게 해줍니다.

NFT가 단순히 디지털 미술품을 소장하는 것 그리고 그 미술품을 보면서 심미적 만족감을 느끼는 것에서 그쳤다면 어느 날 어떤 이유로 NFT 시장은 흔적도 없이 사라져 버릴 수도 있었을 것입니다. 아니면 적게는 수백만 원에서 많게는 수십억 원에 이르기까지 고가에 거래되고 있는 NFT가 휴지 조각이 될 수도 있었을 것입니다. 너무 과한 추측인가요? 중요한 점은 NFT는 혁신적 형태의 디지털 예술품이라는 데 머무르지 않고 여기에 효용을 결합하고 있다는 것입니다. 더 나아가 공동체적 가치를 함양하기도 하며 홀더들을 대상으로 다양한 CX를 제공하기도 합니다. 여기서 끝이 아닐 것입니다. NFT 시장이 변화하는 속도는 그 어떤 자산 시장보다 빠르며 블록체인이라는 새로운 기술을 활용한다는 점에서 앞으로 NFT의 발전 가능성은 무궁무진합니다.

NFT 시장은
어떻게 될까?

NFT가
두려운 사람들에게

새로운 부는 새로운 곳에서 탄생한다

NFT 유튜브 크리에이터로서 콘텐츠를 진행하고 구독자와 소통하다 보면 가장 많이 듣는 질문이 "NFT 끝물 아닌가요?", "NFT 시장 거품이 심하게 낀 것 같은데 어떻게 생각하시나요?"입니다. 제게 직접적으로 "NFT 시장은 끝났습니다"라고 말하는 사람도 있습니다. 평소 알고 지내던 기자님이 NFT 전망에 관한 기사를 쓰고 있는데 시장을 우려하는 목소리가 많으니 코멘트를 해달라고 요청하기도 했었죠. 실제로 NFT 시장을 부정적으로 보는 기사들도 심심치 않게 찾을 수 있습니다.

그런데 요즘 초등학교에서는 학생들에게 NFT 제작 교육을 한다는 사실을 알고 있나요? 물론 정규교육 과정까지는 아니지만 관심 있는 학생에게 NFT 제작 관련 교육을 진행하고 있다고 합니다. 실제로 어떤 강의를 나갔을 때는 수강생 중에 학생들도 꽤 많이 보였습니다. 학교에서는 어떤 디자인 툴로 어떻게 NFT를 만드는지 가르치고 많은 기업과 공공기관에서는 NFT 관련 사업을 추진하고 있습니다. 한쪽에서는 NFT 시장의 잠재력을 높게 평가하고 시장에 소프트 랜딩Soft Landing을 지원하기 위해 노력하고 있는 반면 다른 한쪽에서는 NFT 시장 붕괴를 우려하고 거품을 논하고 있습니다.

'새로운 시장과 새로운 성공은 항상 남들이 아니라고 하는 곳에서 나온다.' 제가 좋아하는 말입니다. BTS가 처음 세상에 등장했을 때 일부 네티즌은 방탄소년단이라는 이름을 보고 '자녀 이름은 방탄헬멧이라고 짓지 그러냐'며 조롱 섞인 반응을 보이기도 했습니다. 잡스가 세상에 처음 아이폰을 공개했을 때 많은 기술자가 아이폰의 꿈이 너무 원대하며 실제 상용화되거나 기술이 구현되기는 어렵다는 반응을 보이기도 했죠. 아이폰의 국내 출시는 허무맹랑한 이야기라고 말했던 사람도 많습니다. 예능계에 일대 파란을 일으키고 국내 예능 프로그램의 판도를 바꾼 〈나는 가수다〉 역시 초창기에는 언론에서 수없이 많은 부정적 기사를 쏟아냈습니다. '내로라하는 유명 가수들을 모아 경연을 시킨다니 그들이 절대 참여하지 않을 것이다', '예술을 경연이라는 경쟁으로 폄하하는 것 아니냐' 하는 식의 반응이었죠. 하지만 많은 사람의 부정적 반응이나 실패할 것이라는 예측과 달리 이 모든 것이 크든 작든 세상을 바꿨습니다. 지금은 너무나도 익숙한 개념인 암호화폐는 어떤가요? 암호화폐 초창기 여론을 정확하게 기억합니다. '통화는 실물경제와 연동돼 있어야 하고 정부에서 관리해야 하는데 탈중앙화된 암호화폐라니 실물경제와 연동되지 않은 채 어떻게 자산 역할을 할 수 있느냐'는 엄청난 비난 여론이 쏟아졌죠. 하지만 지금 암호화폐 시장은 우리나라 코스피, 코스닥 시장보다 큰 규모를 이루고 있고 각국 정부가 나서서 암호화폐를 만들겠다고 하고 있습니다.

자본의 흐름에 주목하자

부정적 반응이 많을수록 무조건 성공한다는 이야기를 하려는 것은 아닙니다. 단지 모든 새로운 것에는 항상 불확실성이 전제된다는 점을 강조하고 싶습니다. 이전에 없던 것이고 새로운 시도니까요. NFT에 대한 부정 여론이 많은 것은 어떻게 보면 당연한 일이라고 생각합니다. 새로운 것이기도 하지만 시장 성장 속도가 과도하게 빨랐기 때문입니다. 그 어떤 자산 시장도 NFT만큼 빠르게 성장한 사례가 없었고 NFT만큼 급격하게 변화한 사례도 없었습니다. 급격한 성장은 급격한 하락을 맞기도 하며 급진적 변화는 시장 참여자에게 불안을 안겨줍니다. 우리가 NFT에 관해 아무리 많이 공부한다고 해도 시장의 미래를 확신할 수는 없습니다. 물론 어떤 날 어떤 사건에 의해 NFT 시장이 붕괴될지도 모르죠. 하지만 저는 그 어떤 분석보다 돈의 흐름을 믿는 편입니다. 야속한 이야기일지 모르지만 세상을 만들어 나가는 것은 돈입니다. 그리고 돈은 평범한 개인보다 기업과 거대 자본가의 지갑에서 나옵니다. 잡스의 아이폰을 시작으로 스마트폰 시대가 열리게 된 계기는 삼성과 LG 등 글로벌 전자 기업이 너나없이 스마트폰 사업에 천문학적인 돈을 쏟아부었기 때문 아닐까요? 아무리 전기차가 이동 수단의 새로운 패러다임이 될 것이라고 생각해도 막상 구매를 망설이는 이유는 주행 거리와 충전 인프라가 부족하기 때문 아닌가요? 주행 거리를 늘리는 일은 자동차 회사가 전기차 시장에 대한 필요성을 느끼고 천문학적인 돈을 투자해야만 가능하고 충전 인프라를 늘리는 일은 각국 정부가 적극적으로 지원해야만 가능하지 않은가요?

NFT 시장에 천문학적인 자본이 흘러 들어오고 있는 것은 명백한 사실입니다. 교육기관은 NFT 교육과정을 만들기 위해 고민하고 기업은 NFT라는 미래 먹거리를 선점하기 위해 앞다퉈 과감한 투자를 단행하고 있습니다. 위메이드 같은 게임사들은 회사 전체의 방향성을 NFT와 P2E 게임으로 전환했으며 카카오는 한국형 블록체인 클레이튼*Klaytn*을 만들고 NFT 거래 플랫폼을 구현하는 데 집중하고 있습니다. 이뿐만 아니라 이름만 들어도 알 법한 많은 기업이 NFT 사업 부문을 신설하고 투자를 아끼지 않고 있죠. 공공기관도 마찬가지입니다.

NFT 시장도 기본적으로는 자산 시장의 모습을 하고 있기 때문에 부침이 있기 마련입니다. 주식시장이나 부동산시장에 호황기와 불황기가 있듯 NFT 시장도 마찬가지죠. 단기적인 부침에 매몰되기보다 돈의 흐름을 따라가 보는 것은 어떨까요? 돈을 좇는 인생을 살아야 한다는 이야기가 아닙니다. 세상이 변화하고 있고 NFT라는 새로운 시장이 형성되고 있습니다. 그리고 변화의 중심에는 기업과 자본가 들이 있습니다. NFT 창작자, 컬렉터 혹은 트레이더로 활동하지 않더라도 불확실함에 겁먹고 눈을 감기보다는 두 눈을 부릅뜨고 다가올 새로운 변화를 지켜보는 것은 어떨까요?

새로운 부는 항상 새로운 곳에서 탄생합니다. 제가 믿는 불변의 진리입니다.

NFT
실전
매매법

NFT 투자
준비하기

NFT 투자자로서
가져야 할 태도

미래를 예측할 수 있는 사람은 없다

서점에서 이 책을 발견하고 여기까지 읽었다면 여러분은 이미 NFT 투자에 절반은 성공했다고 볼 수 있습니다. 사람들이 잘 모르는 NFT의 본질적 의미와 미래적 가치를 이해했고 지금부터는 본격적으로 NFT 투자를 위한 매매법을 배울 테니까요.

2022년 기준 NFT가 처음 세상에 등장하고 본격적인 투자시장이 형성된 지 3년도 채 안 된 탓에 국내에는 NFT 투자 활동을 하는 투자자들이 해외에 비해 현저히 적습니다. 특히나 NFT 시장은 이더리움 기반의 NFT가 절대적으로 큰 비중을 차지하고 있기 때문에 국내 투자자의 접근성이 상대적으로 떨어지고 투자 공부를 하기에도 열악한 환경인 것이 사실입니다. 실제로 2022년 1분기 국내에 불었던 NFT 열풍 역시 한국형 블록체인인 클레이튼 기반 NFT가 중심이었고 이 열풍이 식어가는 지금은 많은 NFT 투자자가 갈 길을 잃었죠. 제 유튜브 채널의 구독자분과 대화를 나눠보면 메타콩즈나 선미야클럽 같은 국내 NFT로 처음 투자를 시작했다가 현재는 마땅한 투자처를 찾지 못해 방황하는 경우가 많습니다.

클레이튼 블록체인 기반의 한국형 NFT에 비해 이더리움 기반 NFT가 투자하기 복잡한 이유는 무엇일까요? 가장 큰 이유는 이더리움 기반 NFT는 트위터나 디스코드 등 국내 투자자에게 익숙하지 않은 플랫폼을 활용해 커뮤니티를 운영하기 때문입니다. 반면 국내 기업이 제작하는 NFT는 한국인에게 친숙한 카카오톡 오픈채팅방을 주로 이용하고 모든 정보가 한국어로 제공됩니다.

혹시 여러분도 편하게 투자할 수 있었던 환경이 사라졌다고 NFT 투자를 외면하고 있지는 않나요? 만약 앞으로도 계속 불편하고 어렵다는 이유로 이더리움 NFT 투자를 망설인다면 새로운 부의 영역에 도달할 아주 좋은 기회를 잃을 것입니다. 이유는 간단합니다. 이더리움 NFT 시장 규모가 가장 크기 때문입니다. 2022년 4월 기준 이더리움 블록체인의 시가총액은 약 3000억 달러 규모인 반면 클레이튼 블록체인의 시가총액은 약 20억 달러 규모입니다. 시장 규모만 놓고 봐도 100배 이상 차이가 나죠.

시장 크기뿐만이 아닙니다. 이더리움 블록체인 시장에는 전 세계 암호화폐와 NFT 투자자가 모여 있는 반면 클레이튼 블록체인 이용자 대부분은 국내 투자자로 한정돼 있습니다. 이런 점에서 정확하게 세어보진 않았지만 이더리움 기반 NFT 개수가 클레이튼 기반 NFT보다 더 많은 것도 자연스러운 현상입니다. 이렇듯 훨씬 규모가 크고 많은 이용자가 모여 있으며 엄청난 자금이 흐르고 있는 이더리움 NFT 시장에 부를 이룰 기회 역시 더 많다는 사실은 명백합니다. 어렵다는 이유로, 영어를 잘하지 못한다는 이유로, 번거롭다는 이유로 눈앞에 놓여 있는 NFT 시장, 특히나 이더리움 NFT 시장을 외면한다면 구더기 무서워 장 못 담그는 것과 다를 바가 없습니다.

NFT 시장에 대한 오해와 편견

NFT라는 새로운 시대의 흐름을 향유하기에 앞서 우리 앞에 놓여 있는 또 다른 문제를 해결해야 합니다. 바로 NFT 시장에 대한 무수히 많은 오해와 편견이죠.

Step 1에서 계속해서 설명한 것이 바로 NFT라는 기술의 내재적 가치와 미래적 효용이었습니다. 하지만 정말 솔직히 말하자면 모두 뜬구름 잡는 이야기라고 해도 틀린 말은 아닙니다. 아직 현실에서 구체적인 가치제안*Value Proposition*을 하고 있는 프로젝트도 찾아보기 힘들뿐더러 실제로 많은 사람이 블록체인이 가져다주는 이점을 충분히 즐길 수 있도록 서비스되지도 않았습니다. 어떻게 보면 희망과 약속에 불과한 것이죠.

그래서인지 NFT 시장을 바라보는 사람들의 마음속에는 이런 부정적인 생각들이 자리 잡고 있는 것 같습니다.

'NFT, 그거 거품 아니야?'

'NFT 말만 번지르르하지 그냥 폰지 사기 같은데.'

연일 언론에서는 특정 NFT 가격이 급상승하는 현상만을 콕 집어 보도하면서 NFT는 투기적이라 위험하다고 강조합니다. NFT에 관심 있던 일부 사람들은 자신이 보유한 NFT 가격이 하락하는 것을 보면서 NFT 시장이 모두 거품이었고 이제 멸망의 길을 가고 있다고 합니다. 매일같이 많은 사람이 불안감에 휩싸인 채 NFT 시장의 미래를 궁금해하며 제 유튜브 채널을 찾아와 본인이 NFT 투자를 시작해도 되는지, 소중한 자산을 도박판에 쏟아붓는 것은 아닌지 질문을 합니다.

이런 수많은 논쟁과 논란을 볼 때마다 항상 저는 이런 생각이 듭니다.

'왜 미래를 예측하려고 하지?'

주식투자를 하다 보면 정말 많이 접하는 이야기가 바로 미래 예측입니다. 앞으로 시장이 어떻게 될 것인지, 앞으로 세계경제가 어떻게 흘러갈 것이며 어떤 산업이 성장하고 어떤 산업이 역사의 뒤안길로 사라질 것인지 등에 관해 말합니다. 그런 이야기들을 보고 있자면 사람들은 자기 자신이 미래를 내다볼 수 있는 수정 구슬 같은 존재하고 생각하는 듯 보입니다.

하지만 저는 미래를 예측하지 못하는 사람입니다. 내년에 제가 무슨 일을 하면서 어떤 모습으로 살고 있을지, 1년 뒤 세상은 어떤 모습일지 전혀 알지 못합니다. 당장 내일 벌어질 일도 잘 모르는데 한 달 뒤, 1년 뒤 일을 어떻게 알까요?

예컨대 2022년 2월 세계 2위의 군사력을 자랑하는 러시아가 우크라이나와 전쟁을 한다고 했을 때 많은 전문가는 일주일 안에 우크라이나가 항복하리라고 예상했죠. 두 나라의 군사력을 비롯한 무수히 많은 데이터를 비교해 근거로 제시하면서 말입니다. 하지만 이 전쟁은 한 달이 넘도록 계속됐습니다. (여러분이 이 책을 읽고 있을

즈음에는 전쟁이 끝날을까요?) 그리고 전문가들의 예상을 빗나간 장기간의 전쟁은 전 세계에 곡물, 식량 위기를 초래하면서 엄청난 인플레이션을 유발했습니다.

NFT도 마찬가지입니다. NFT 시장의 미래가 어떻게 될지는 아무도 모릅니다. 많은 사람이 NFT 시장이 흥하거나 망할 것이라는 확신을 얻고 싶어 이 사람 저 사람의 이야기를 들으러 다니지만 정답은 알 수 있는 사람은 없습니다. 시대의 흐름을 따라 NFT 시장도 순리대로 변해가겠죠.

저는 NFT 시장에 집중되는 기업과 정부의 관심, 투자금, 사업계획을 믿을 뿐입니다. 저보다는 애플과 나이키, 현대자동차와 구찌, 프라다와 더샌드박스 같은 유수의 글로벌 기업이 훨씬 나은 인사이트를 갖고 있을 테니까요. 그들이 NFT를 미래 먹거리로 점찍고 막대한 예산을 쏟아붓고 있으니 '무슨 일이든 벌어지긴 하겠구나' 생각하는 것입니다. 제가 NFT를 공부하면서 NFT의 의미와 가치를 이해하려고 많은 시간을 쏟고 있는 것은 앞으로 어떤 미래가 펼쳐지든 상황에 따라 융통성 있게 대응하기 위한 준비를 해두려는 것이지 미래를 예단하려는 것이 아닙니다.

이미 NFT는 하나의 자본시장으로 성장하고 있습니다. 비록 한국은 상대적으로 투자자 규모가 작지만 전 세계 많은 투자자가

NFT 시장에서 활동하고 있습니다. 그리고 이들은 새로운 자본시장의 얼리 어답터로서 그렇지 않은 사람들이 NFT 시장이 거품인지 아닌지 논쟁하며 미래를 예측하는 데 시간을 낭비하는 동안 조용히 큰돈을 벌고 있습니다.

암호화폐 시장에서 많은 신흥 부자가 탄생했듯 향후 5년 내 NFT 시장에서도 신흥 부자가 많이 배출될 것입니다. 시간을 낭비하는 사람과 부를 축적하는 사람, 어느 쪽이 될지 선택은 여러분에게 달려 있습니다.

역사의 한 페이지가 될 수 있게

자, 그럼 이제 우리는 NFT에 투자를 가로막는 마지막 장애물만 해결하면 됩니다. 바로 역사가 없다는 것입니다. 글로벌 NFT 전문 사이트인 '논펀지블닷컴'(https://nonfungible.com)에 따르면 2021년 한 해 NFT 총거래액은 약 176억 달러, 원화로 약 22조 원 정도고 이는 직전 연도인 2020년 대비 약 2만 퍼센트 이상 증가한 수치입니다. NFT를 대표하는 BAYC 컬렉션은 지난 2021년 5월 첫 판매 당시 0.08이더리움, 원화 약 3만 원 정도에 거래됐으나 2022년 현재는 약 30억 원이 훌쩍 넘는 가격으로 거래되고 있습니다. 엄청난 규모의 시장이 이전에 없던 속도로 성장하고 있는 것입니다. 마치 램프의 요정 지니처럼 그 어디에서도 볼 수 없었던 수십조 원 규모의 시장이 '펑' 하고 등장한 듯합니다.

이렇게 갑자기 떠오른 시장에서는 어떤 전략을 따라야 할까요? 주식이나 암호화폐, 부동산 투자는 이미 그 역사가 오래돼 일종의 투자 지침서 같은 것이 잘 구비돼 있습니다. 서점에 가면 처음 투자를 시작하는 초보부터 이미 어느 정도 실력을 갖춘 사람에 이르기까지 각자 수준에 맞게 활용할 수 있는 다양한 전략이 담긴 서적을 쉽게 찾을 수 있습니다. 책을 읽기가 귀찮다면 지금 바로 인터넷에 접속해 '주식 매매법', '부동산 투자법' 같은 키워드만 검색해 봐도 셀 수 없이 많은 콘텐츠가 쏟아져 나옵니다. 사실 어떤 투자에도 정답은 없지만 그 분야에서 성공한 사람들이 전수하는 노하우가 정답으로 여겨집니다.

제가 이 책의 두 번째 파트를 'NFT 실전 매매법'으로 기획한 이유도 여기에 있습니다. 역사가 없는 시장에서 살아남으려면 직접 경험을 쌓으며 나만의 전략을 만들어 나가면 됩니다. 저는 주식투자 시장에서 밑바닥을 굴러본 경험이 있어서인지 NFT 시장이라는 맨 땅에 헤딩하면서 시행착오를 적게 겪은 편에 속합니다. 주식투자를 하면서 얻은 노하우와 감각, 인사이트가 NFT 투자에도 유용할 때가 많았죠. 처음에는 NFT 투자로 손실을 보기도 했지만 점차 이를 통해 자산 규모를 늘렸습니다. 그리고 그 과정에서 저만의 NFT 투자 전략이 하나둘 정립됐습니다.

NFT 투자를 본격적으로 시작한 이후 제 NFT 총자산은 약 10배, 1000퍼센트 이상 증식했습니다. 물론 국내에 숨은 NFT 투자 고수도 분명 있을 테고 그분들에 비하면 제가 이룬 결실은 성공이라고 하기에는 부끄러울 수준일지도 모릅니다. 하지만 앞으로 제 NFT 자산은 지금까지보다 더 빠른 속도로 늘어날 것이고 저는 NFT 투자를 통해 이전에 없던 부의 영역에 도달할 것이라는 자신감이 있습니다. 2021년 운 좋게 BAYC 하나를 구매해 들고 있던 사람보다 제 투자수익률은 낮겠지만 저는 운이 아닌 저만의 철저한 분석과 투자 전략에 의해 수익을 내는 방법을 알고 있으니까요. 앞으로 제 NFT 투자 생활은 분명 인생에서 큰 기회가 될 것이라고 자부할 수 있습니다. 이런 말도 있지 않나요. '물고기를 주지 말고 물고기 잡는 법을 가르쳐라.'

제가 그동안 정립해 온 투자 전략이 이 책의 독자에게 당장 내일부터 투자수익을 낼 수 있게 해주지는 못할 것입니다. 하지만 성공적인 NFT 투자의 길로 나아가는 데 길잡이가 돼줄 그 어떤 등대나

나침반도 없는 상황에서 제 지식과 경험이 유익하고 친절한 안내자가 되길 바라는 마음으로 지금부터 그 전략을 하나씩 공유하려고 합니다.

이제 저와 함께 NFT 시장에서 여러분만의 역사를 써 내려갈 차례입니다. 끝까지 포기하지 않는다면 분명 몇 년 뒤에는 여러분이 성공한 투자자가 돼 여러분만의 NFT 투자 지도를 만들어 나가리라 믿어 의심치 않습니다.

NFT 투자 기초 개념
완전 정복

NFT 핵심 용어 알고 가기

완전히 새로운 시장이라는 명성에 걸맞게 NFT 투자에는 우리가 생전 사용해 본 적 없는 용어가 많이 쓰입니다. 본격적으로 NFT 매매법을 다루기에 앞서 이제 막 NFT 투자자가 되고자 마음먹은 분을 위해 핵심 용어 몇 개만 짚고 넘어가겠습니다.

민팅 *Minting*

민팅은 '주조하다'라는 뜻의 'Mint'라는 단어에서 유래했습니다. NFT는 제작자가 저작물을 디지털화해 파일로 구현함으로써 이 세상에 태어납니다. 다시 말해 블록체인 공간에 데이터를 저장하고 우리가 볼 수 있게 만든 것이 NFT고 이 과정을 민팅이라고 합니다. 더 정확하게 말하면 제작자가 NFT를 만들고 처음으로 구매자에게 판매하는 것이 민팅입니다. 따라서 우리가 오픈시 같은 거래소에서 개인 간 거래, 즉 2차 판매·구매를 하는 것은 단순 거래지 민팅이 될 수 없습니다.

민팅이 중요한 이유는 시세와 무관한 유일한 거래기 때문입니다. 우리가 'NFT 가격이 ○○○원이 됐다'고 말할 때의 가격은 모두 2차 시장(오픈시, 매직에덴 등 NFT 거래 플랫폼)에서 개인 간 거래를 통해 정해지는 가격을 뜻합니다. 철저히 수요와 공급 법칙에 의해 가격이 움직이죠. 하지만 민팅은 NFT의 전 생애 주기에 걸쳐 유일하게 정찰가로 거래되는 이벤트입니다. 1차 구매자는 제작자가 정해둔 민팅 가격으로 NFT를 민팅할 수 있습니다. 대부분 좋은 프로젝트는 민팅 가격보다 NFT 거래소에서 이뤄지는 2차 거래 가격이 비싸기 때문에 좋은 프로젝트를 낮은 가격에 선점할 수 있다는 점에서 민팅은 NFT 투자 시 매우 중요한 이벤트입니다.

화이트리스트 *WhiteList*

앞에서 살펴본 민팅과 관련해 반드시 기억해야 하는 것이 바로 화이트리스트입니다. 투자자들은 이를 줄여서 '화리'라고 합니다. 일상에서 블랙리스트라는 단어는 많이 들어봤을 텐데요, 블랙리스트가 특정인을 어떤 대상에서 제외할 때 쓰는 단어라면 화이트리스트는 반대로 특정인만 어떤 대상에 포함하는 것을 말합니다.

제작자가 NFT를 만들어 민팅을 진행할 때 초반부터 인기를 끄는 유망한 프로젝트라면 많은 사람이 참여하려고 합니다. 하지만 NFT는 발행개수가 정해져 있죠. NFT 발행 총물량은 평균적으로 1만 개를 넘지 않는 반면 대부분의 인기 있는 프로젝트는 대기 수요자가 1만 명을 훌쩍 넘습니다. 즉, 민팅을 통해 NFT를 구매하려는 사람이 NFT 총개수보다 많은 경우가 자주 생깁니다. 이때 NFT 제작자는 화이트리스트를 만듭니다. 민팅에 우선적으로 참여할 수 있는 사람들을 지정하는 것이죠.

화이트리스트에 속하는 방법은 다양하지만 가장 기본적인 방법은 NFT 프로젝트가 성공할 수 있도록 기여하는 것입니다. 개인 SNS에 프로젝트를 열심히 홍보하거나 팬아트나 밈을 제작해 바이럴을 유도하기도 합니다. 즉, 화이트리스트는 제작자가 본인의 프로젝트를 위해 기여한 사람에게 우선적이고 배타적으로 민팅에 참여할 수 있는 일종의 얼리 억세스 권한을 부여하는 것이라고 할 수 있습니다.

바닥가 *Floor Price, FP*

화이트리스트를 얻어 민팅을 하고 NFT를 보유하면 오픈시를 통해 내가 보유한 NFT 가격이 어떻게 움직이는지 찾아볼 수 있습니다. NFT는 컬렉션 형태로, 정해진 발행개수 안에서 모양과 이미지가 서로 다릅니다. 각각의 이미지에 서로 다른 일련번호를 부여하는 형태죠. 따라서 하나의 컬렉션에 포함된 NFT라 해도 생김새에 따라 값어치가 다르게 매겨집니다. 다른 작품보다 조금 더 예쁘고 멋있는 NFT는 당연히 갖고자 하는 사람이 많을 테니 가격이 높아집니다.

한 컬렉션 안에 수천 개의 NFT가 있는 만큼 일일이 생김새를 비교해 가격을 측정하기란 여간 까다로운 일이 아닙니다. 이때 NFT 투자자는 '바닥가'라는 개념을 이용합니다. 바닥가란 문자 그대로 컬렉션 안에 있는 여러 NFT의 가격 중 가장 낮은 가격을 의미합니다. 예를 들어 엔모라는 컬렉션의 바닥가가 1이더리움이라면 여러분이 갖고 있는 엔모 NFT는 그 생김새나 희귀도에 관계없이 최소한 1이더리움 이상의 가격에 판매할 수 있다는 뜻입니다. 물론 희귀도가 높은 NFT라면 1이더리움보다 높은 가격이 바닥가로 책정되기도 하겠죠?

리스팅 *Listing* · 디리스팅 *Delisting*

바닥가를 확인했더니 보유한 NFT의 가격이 많이 올랐다면 자연스럽게 판매를 고민하게 됩니다. 이때 접하게 되는 용어가 바로 리스팅과 디리스팅입니다. 리스팅은 말 그대로 오픈시 같은 NFT 거래소에 내가 보유한 NFT를 판매하겠다고 판매 목록에 올리는 것입니다.

리스팅을 하면 내 NFT와 그 NFT의 가격 정보가 거래소 판매 목록에 등록됩니다. 구매자들은 이렇게 리스팅된 NFT의 가격과 생김새를 비교하면서 구매를 결정하죠.

디리스팅은 리스팅의 반대 개념으로 판매를 위해 등록해 둔 NFT의 판매를 철회하는 것입니다. 보통 리스팅과 디리스팅은 전문적으로 NFT 트레이딩을 하는 투자자에게 중요한 지표입니다. 리스팅과 디리스팅 비율을 보면 해당 NFT에 대한 사람들의 관심과 충성도, 애정 등을 파악할 수 있고 총발행개수 대비 시장 거래 수량을 파악해 수요와 공급 현황을 짐작할 수 있기 때문입니다.

리빌 *Reveal*

NFT는 일련번호로 희소성이 부여되지만 특성이라는 요소가 고유성을 부여하기도 합니다. 예를 들어 총 1만 개가 발행되는 하나의 NFT 컬렉션 안에 있는 1만 개의 NFT는 모두 생김새가 다릅니다. NFT는 개념적으로 그 어떤 것과도 대체될 수 없는 대체 불가능한 특성을 갖기 때문에 이 세상에 똑같은 것은 존재하지 않고 이는 서로 다른 특성 조합을 통해 구현됩니다.

여기서 중요한 것은 특성이 임의로 조합된다는 점입니다. 어떤 특성은 총 1만 개 발행개수 중 단 0.1퍼센트의 확률로 등장하고 어떤 특성은 99퍼센트라는 높은 확률로 등장합니다. 이쯤 되면 여러분도 아마 눈치를 챘을 텐데요, 당연히 등장 확률이 낮은 특성이 조합된 NFT 가격이 상대적으로 높습니다.

오픈시 같은 2차 시장에서 프로젝트를 보거나 NFT를 민팅하면 상당수의 NFT가 베일에 가려져 있는 것을 확인할 수 있습니다. 특성 없이 모두가 똑같은 그림으로 구성돼 있죠. 이를 '리빌 전 상태'라고 합니다. 대부분의 NFT는 특성이 조합되기 이전의 상태로 민팅이 이뤄지고 리빌 과정을 통해 임의의 확률로 특성이 조합됩니다. 즉, 리빌이 진행되기 전까지는 내가 보유한 NFT가 어떤 특성으로 조합될지 아무도 알 수 없습니다. 따라서 NFT 간 가격적 차별점도 생기지 않습니다. 모두가 동일한 형태기 때문입니다. 그러다 공지된 리빌 날짜가 되면 각각의 NFT는 임의의 확률로 특성이 조합돼 서로 다른 모양을 갖습니다. 리빌 과정을 거친 후에는 낮은 확률로 등장하는 특성이 조합된 NFT 가격이 상대적으로 높아지고 그렇지 않은 특성으로 조합된 NFT 가격은 낮아집니다. 희귀도에 따른 가격 차이가 생기는 것이죠. 게임에서 많이 사용되는 방식인 뽑기와 유사하다고 보면 됩니다.

가스비

NFT를 직접거래할 때 들어가는 비용으로 가스비가 있습니다. 이는 익히 알고 있는 수수료와는 조금 다릅니다. NFT는 블록체인 네트워크에 존재하기 때문에 NFT를 민팅하거나 거래소에서 사고파는 모든 행위도 블록체인 네트워크에서 이뤄집니다. 이때 블록체인 네트워크는 네트워크 이용료를 징수하는데 이것이 가스비입니다. 가스비를 엄밀하게 정의하면 '중앙 서버가 없는 블록체인상에서 연산 진행을 위한 채굴 작업을 수행하는 채굴자에게 보상으로 지급되는 수수료'지만 쉽게 블록체인 네트워크를 이용하는 비용 정도로 이해하면 됩니다.

다만 주의해야 할 점은 블록체인 네트워크를 이용하는 사람이 많을 때는 가스비가 많이 지불되고 적을 때는 적게 지불된다는 것입니다. 즉, 블록체인의 혼잡도에 따라 가스비가 다르게 책정됩니다. 주식에서의 단타 매매와 같이 짧은 타임 프레임으로 트레이딩을 하는 NFT 투자자에게 가스비는 일종의 전쟁 같은 영역입니다. 이더리움 블록체인에 트래픽이 과도하게 몰리는 경우 지불해야 하는 가스비가 민팅가보다 비싼 경우도 적지 않기 때문이죠. 이런 문제는 수동으로 가스비를 조정하는 방식으로 해결할 수 있지만 이 책에서 소개하는 매매법은 굳이 가스비를 조정해 가면서 트레이딩하지 않아도 되는 방법이니 걱정하지 않아도 됩니다. 다만 이더리움 블록체인의 트래픽에 따라 적게는 몇천 원에서 많게는 수십만 원까지 가스비가 책정되므로 앞으로 NFT 거래를 할 때는 가스비가 적게 나오는 시간대를 이용할 수 있도록 늘 신경 쓰는 것이 좋습니다. 보통 이더리움 블록체인은 외국 이용자가 많기 때문에 미국 혹은 유럽 시간 기준으로 새벽 시간대에 이용하는 것이 효과적입니다. 마침 한국 시간으로 정오가 이들 지역의 저녁 시간쯤이니 다행이라고 할 수 있겠죠?

로드맵

NFT는 단순하게 이미지 하나를 만들고 끝나는 것이 아닙니다. 개별 NFT 컬렉션을 프로젝트라고 부르기도 하는 이유는 NFT가 거대한 블록체인 프로젝트의 매개 역할을 할 뿐이기 때문입니다. 대부분의 NFT 프로젝트는 디지털 그림 형태의 디자인 작업을 하는 아티스트와 컴퓨터 프로그래밍을 하는 개발진 그리고 프로젝트를 이끌어 나가는 파운더^{Founder}로 구성됩니다. 이들은 NFT를 중심으로 다양한 생태계를 만들겠다는 목적을 갖고 있습니다. P2E 게임 개발이나 여러 브랜드와의 협업을 통한 온·오프라인 연계 혜택 제공 혹은 블록체인상의 강력한 토크노믹스 구현을 목표로 하죠. 각 팀마다 자신들의 NFT를 활용해 구현할 프로젝트의 목표는 다르지만 중요한 점은 NFT를 제작하고 민팅하는 것이 이 모든 프로젝트의 첫 시작이라는 것입니다. NFT를 민팅하는 홀더들은 프로젝트가 제시하는 목표와 구체적 실행 계획을 보고 장기적으로 성장성이 있는 프로젝트를 선택합니다. 이를 위해 프로젝트 팀에서 소비자에게 제공하는 것이 로드맵입니다. 로드맵은 프로젝트 운영진이 월별 혹은 분기별로 NFT 민팅 이후 자신들이 지향하는 바를 언제, 어떻게 구현해 나갈 것인지 문서 형태로 작성해 제공하는 일종의 프로젝트 개발 계획과 같습니다.

민팅
투자법

이번 민팅은 흥행 대박? 아니면 쪽박?

NFT 필수 이벤트

하나의 NFT가 블록체인 세상에 태어나 부가가치를 창출해 나가는 과정에서 NFT 투자자로서 반드시 이해해야 하는 세 가지 이벤트가 있습니다. 민팅과 리빌 그리고 로드맵 구현입니다. 셋 모두 바닥가 형성에 미치는 영향력이 다르고 이벤트 전후로 가격 변동성이 커지기 때문에 민팅, 리빌 그리고 리빌 이후 로드맵 구현이라는 각 이벤트의 특성을 이해하고 그에 맞는 매매 전략을 선택해야 합니다.

세 가지 이벤트 중 개인의 성향에 따라 더 잘 맞는 접근 방식이 있을 것입니다. 물론 어느 정도 NFT 매매가 숙달되면 세 가지 모두를 활용해 매매할 수 있겠지만 초기에는 하나를 집중적으로 활용하고 그 이후 전략을 늘려 나가는 방법을 추천합니다. 지금부터는 이 세 가지 핵심 이벤트를 중심으로 매매 전략을 알아가 볼 텐데요, 첫 번째는 민팅입니다.

민팅과 바닥가의 관계

민팅은 NFT가 처음 제작자에게서 소비자에게로 인계되는 과정으로 개별 프로젝트가 시장에서 어떤 가격과 위치로 받아들여지는지 방점을 찍는다는 점에서 아주 중요합니다. 민팅은 제작자가 정한 정찰가로 모든 소비자에게 동등하게 판매가 이뤄지고 민팅에 참여한 투자자들은 자신의 NFT 지갑으로 NFT가 들어오자마자 오픈시에서 판매하기 위한 리스팅을 시작합니다. 이때 바닥가와 시세는 철저히 투자자들의 심리에 의해 결정된다는 특이점이 있습니다. 왜 그럴까요? 바로 가격 변동 내역이 없기 때문입니다.

우리는 어떤 물건을 구매하거나 혹은 뭔가에 투자할 때 대상의 가치를 객관적으로 판단하기 위해 이전 가격을 참고합니다. 하지만 민팅은 처음으로 가격이 형성되는 단계기 때문에 참고할 이전 가격이 없죠. 따라서 참고할 수 있는 시세가 형성되기 전까지 NFT 가격은 수요자와 공급자의 심리에 의해서만 결정됩니다.

0.05이더리움에 민팅을 진행한 프로젝트가 있다고 가정해 보겠습니다. 총 3만 명의 잠재적 수요자가 이 프로젝트에 관심을 갖고 있었지만 발행 총물량은 1만 개라 3만 명 중 1만 명은 민팅에 성공했고 2만 명은 실패했습니다. 이 경우 민팅 직후 바닥가 시세 형성에 가장 중요한 요인은 1만 명의 공급자가 원하는 가격과 2만 명의 대기 수요자가 원하는 가격의 교집합입니다. 2만 명의 대기 수요자가 민팅에는 실패했지만 민팅가 대비 10배 비싼 0.5이더리움을 지불하고도 구매할 의향이 있다면 민팅 직후 바닥가는 0.5이더리움부터 형성되기 시작할 것입니다. 이 경우 구매가 대비 10배의 투자수익을 창출할 수 있으니 공급이 발생하겠죠.

반대 경우도 마찬가지입니다. 2만 명의 대기 수요자가 '이 프로젝트가 마음에 들기는 하지만 민팅가인 0.05이더리움보다 비싼 가격을 내고 싶지는 않아' 하고 생각한다면 바닥가는 0.05이더리움 근방에서 형성될 것입니다.

물론 이 두 가지보다 훨씬 다양한 경우의 수가 존재합니다. 하지만 여기서 반드시 이해해야 하는 것이 있습니다. 바로 민팅 직후 가격은 철저히 개인 심리에 의존한다는 사실입니다. 비싼 돈을 지불하더라도 사고 싶다는 심리 이면에는 '이 NFT는 앞으로 가격이 엄청 오를 거야'라는 전제가 있고 민팅가보다 비싼 돈을 지불하지 않겠다는 심리 이면에는 '이 NFT는 비싼 돈을 투자하기에는 꺼림칙해'라는 전제가 있을 확률이 높죠.

자, 여기서 투자자 이면의 심리를 다시 생각해 봅시다. 민팅 직후 가격은 해당 NFT를 바라보는 잠재적 수요자에게 투자 여부를 판단하는 지표가 됩니다. 어떤 프로젝트가 민팅을 진행했는데 민팅 직후 바닥가가 민팅가보다 2배 혹은 3배 높게 형성됐다면 그 전까지 프로젝트에 관심이 없던 사람도 관심을 가지게 됩니다. '대체 저 프로젝트는 뭐가 좋길래 저렇게 웃돈을 주고도 사려는 사람이 많은 거지?' 하는 거죠. 반대로 민팅 직후 바닥가가 힘 있게 상승하지 못한다면 아마도 투자자의 외면을 받을 것입니다. 별 볼 일 없는 프로젝트라고 생각할 확률이 높으니까요.

민팅이 중요한 이유는 결국 투자자들이 프로젝트를 바라보는 인식을 좌지우지하기 때문입니다. 이는 향후 프로젝트 가격이 움직이는 데 지대한 영향을 미칩니다.

민팅 투자의 장단점

민팅은 일반적인 트레이딩과는 성격이 달라서 장단점이 명확한 편입니다. 먼저 단점부터 살펴보자면 내가 원하는 시점에 원하는 만큼 트레이딩을 할 수 없다는 점이 있습니다. 즉, 트레이딩의 자유도가 낮다는 뜻이죠. 민팅은 NFT 프로젝트 생애 주기 중 단 한 번만 존재하는 이벤트라 참여도 단 한 번만 할 수 있습니다. 물론 그마저도 화이트리스트가 있어야 참여하기에 좀 더 유리합니다. 따라서 마음에 드는 프로젝트가 있다면 민팅이라는 한 번의 기회를 얻기 위한 많은 사전 작업이 필요해집니다. 화이트리스트를 얻기 위해 각 프로젝트가 제시하는 여러 미션과 이벤트에 참여하는 일도 포함되죠. 하지만 화이트리스트를 확보했다 하더라도 무조건 투자수익으로 이어지지는 않습니다. 아무리 사전에 인기 있는 프로젝트여도 막상 민팅이 진행되면 흥행에 참패하는 경우가 있기 때문입니다. 만에 하나 그렇게 된다면 그간 화이트리스트를 얻기 위해 들인 시간과 노력이 한순간에 물거품이 되고 맙니다.

보통 화이트리스트를 얻어 참여하는 프리세일$^{Pre\text{-}sale}$의 경우 0.01~0.5이더리움 가격대에서 민팅 가격이 책정됩니다. NFT 초기에는 0.5이더리움 정도의 민팅 가격이 보편적이었지만 점차 시간이

지나면서 민팅 가격은 하락하는 추세며 최근에는 무료 민팅도 많이 진행되고 있어 갈수록 가격은 낮아질 것으로 보입니다. 그렇다 해도 민팅의 보상이 상당히 큰 편이라는 점은 무시할 수 없습니다. 민팅이 잘 마무리되고 흥행에도 성공하는 프로젝트는 민팅 가격의 몇 배 단위로 가격이 상승하는 경향이 있습니다. 프로젝트마다 편차가 커 평균 수익을 제시할 수는 없으나 성공한 프로젝트의 경우 민팅 가격이 해당 프로젝트 전체 역사상 가장 낮은 가격이라는 것만은 확실합니다.

물론 흥행에 실패하는 경우도 고려해야겠죠? 최근에는 민팅 가격이 많이 낮아지다 보니 하방으로의 기대손실 폭이 좁아져 손실에 대한 가격 부담도 점차 줄어들고 있습니다. '아즈키*Azuki*' NFT의 경우 개당 0.08이더리움으로 민팅이 진행됐고 현재 바닥가는 약 28~30이더리움입니다. 만약 아즈키 NFT가 흥행에 실패했다면 0.01이더리움 아래로 가격이 하락했을 수도 있겠죠. 하지만 기대수익과 손실 폭을 비교해 보면 민팅이 얼마나 매력적인 이벤트인지 한 번에 계산할 수 있습니다.

비유하자면 민팅은 영화와 같습니다. 영화를 제작하는 데는 상당한 시간과 노력이 들어갑니다. 만약 유명한 감독이나 배우가 참여하는 영화라면 개봉 전부터 많은 관심과 기대를 받죠. 그리고 개봉 후 그 기대에 부흥하며 메가 히트를 치는 영화가 있는 반면 기대와 달리 흥행에 참패하는 영화도 있기 마련입니다. 만약 흥행에 성공한다면 많은 시간과 노력을 들인 제작사와 투자자는 막대한 수익을 얻을 테지만 반대라면 입맛이 쓰겠죠. 민팅도 마찬가지입니다.

성공적인 민팅 조건

그럼 민팅 직후 바닥가가 오를지 하락할지 어떻게 판단할 수 있을까요? 다른 말로 하면 성공적으로 민팅을 마치고 바닥가를 높게 형성할 프로젝트는 어떻게 찾을 수 있을까요?

앞서 민팅 직후 바닥가는 시세라는 참고 지표가 없기 때문에 철저하게 수요자와 공급자의 심리에 따라 형성된다고 했습니다. 즉, 민팅의 성공 유무는 민팅 직전까지의 프로젝트 상태와 잠재 수요자의 심리를 기준으로 판단해야 합니다. '소문난 잔치에 먹을 것 없다'는 속담이 있지만 민팅은 다릅니다. 소문난 민팅에 먹을 게 많은 법입니다.

기본적으로는 꾸준히 커뮤니티 활동을 하면서 군중심리를 살피고 여론을 통해 프로젝트의 잠재적 수요를 정성적^{qualitative}으로 파악하는 것이 중요합니다. 이런 정성적 조사는 민팅이 마무리되는 시점까지 계속해야 합니다. 민팅이 진행되기 직전 운영진이 실수를 하거나 프로젝트에 부정적 이슈가 생겨 민팅에 참여하고자 대기하던 수요자가 순식간에 빠져나가는 일도 비일비재하기 때문입니다.

한 권으로 끝내는 NFT 투자 수업

민팅
투자 전략

프로젝트 선정하기

민팅 이후에는 발행된 물량보다 수요가 많아야 민팅가 대비 높은 바닥가가 형성돼 수익을 창출할 수 있습니다. 하지만 민팅 전에는 시장가격이 형성되지 않아 대기 수요를 정량적으로 판단하기가 어렵죠. 따라서 이때는 외부 사이트에서 데이터화해 제공해 주는 다양한 정성적 지표를 활용하면 좋습니다.

대표적인 NFT 순위 사이트 중 하나가 '민티스코어*Mintyscore*' (https://mintyscore.com)입니다. 민티스코어는 민팅 예정인 프로젝트와 관련한 여러 정성적 데이터를 수집해서 자체 알고리즘을 통해

그림 35. 민티스코어 홈페이지

정량적 데이터로 변환한 다음 우리가 알기 쉽게 수치화한 정보를
제공하는 사이트입니다.

민팅 전 대기 수요를 판단하는 정성적 지표 중 하나는 커뮤니티
의 크기입니다. 모든 NFT 프로젝트는 트위터와 디스코드를 통해
커뮤니티를 운영하는데 해당 커뮤니티가 얼마나 활발한지는 프로
젝트 선정에 상당히 중요한 역할을 합니다. 특정 프로젝트의 커뮤
니티에 상대적으로 많은 사람이 모여 활동하면서 민팅을 기다리고
긍정적 버즈*Buzz*를 발생시키고 있다는 사실 자체가 프로젝트의 흥
행 유무를 사전에 가늠해 볼 수 있게 해주기 때문이죠.

민티스코어 같은 사이트가 생기기 전에는 투자자가 직접 해당
프로젝트 커뮤니티에 가입해 활동하면서 활성화 정도를 확인하는

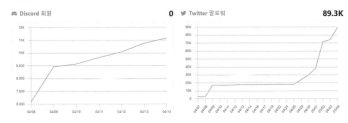

그림 36. 민티스코어의 메타몬고^{MetamonGo} 통계 화면

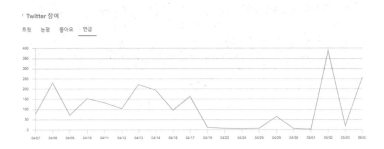

그림 37. 민티스코어에서 제공하는 정성 데이터

방법을 많이 사용했습니다. 하지만 지금은 외부 사이트에서 각 프로젝트의 트위터 팔로워 추이나 디스코드 커뮤니티 활동 인원수, SNS 내 관련 게시글 포스팅 추이 등의 지표를 수집해 직관적인 순위로 보여주고 있어 좀 더 편하게 투자 생활을 즐길 수 있습니다.

물론 민티스코어 순위가 높다고 무조건적으로 민팅이 흥행하고 바닥가가 높게 형성되는 것은 아닙니다. 실제로 올해 1분기 민팅을 진행한 '뮤턴트 시바 클럽*Mutant Shiba Club*'은 민티스코어뿐만 아니라 기타 외부 사이트에서도 가장 높은 민팅 순위를 기록한 프로젝트로 당시 민팅을 앞둔 그 어떤 프로젝트보다 트위터 팔로워 수, 디스코드 커뮤니티 인원수 등 여러 측면에서 압도적 규모를 기록했습니다. 하지만 정작 민팅이 진행되자 기대와 달리 흥행에 실패했고 바

그림 38. 뮤턴트 시바 클럽의 오픈시 프로필

닥가도 민팅가보다 낮은 가격을 보이고 있습니다.

그럼에도 제가 민티스코어 같은 사이트를 추천하는 이유는 민팅에 적합한 프로젝트를 발굴하는 데 매우 유용하기 때문입니다. 하루에도 몇 개씩 쏟아지는 신규 프로젝트 중 민팅에 참여하기 적합한 프로젝트를 찾는 데 들이는 수고를 덜 수 있다는 것은 큰 장점입니다. 민팅 순위 상위의 프로젝트를 선별하고 해당 프로젝트의 트위터, 디스코드 커뮤니티에 가입해 다양한 정보를 수집하고 여러 잠재적 투자자들과 정보를 교환하다 보면 해당 프로젝트의 흥행 여부가 어느 정도 파악됩니다.

'NFT고^{NFTGo}(https://nftgo.io/)', '레어리티 툴스$^{Rarity.tools}$(https://rarity.tools/)' 같은 사이트도 민팅을 앞둔 프로젝트와 관련한 각종 정보를 제공합니다. 입맛에 맞게 사이트를 활용하면 됩니다.

이처럼 외부 사이트를 통해 많은 사람의 관심을 받고 있는 프로젝트를 선별하는 것은 민팅 투자의 첫 단계입니다. 이때 가장 중요한 것은 트위터, 디스코드 등 커뮤니티의 활성도와 퀄리티임을 꼭 명심해야 합니다.

커뮤니티 활성도는 커뮤니티 참여 인원수로 판단할 수 있습니다. 먼저 순위를 기준으로 몇몇 프로젝트를 선별하고 각 프로젝트의 디스코드 회원 수, 트위터 팔로워 수 추이를 확인합니다. 이때 커뮤

통계

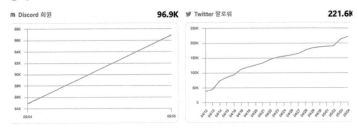

그림 39. 좋은 커뮤니티 성장 추이 예시

니티 인원의 총량이 같더라도 우하향하는 곡선을 그리는 프로젝트보다는 지속적으로 커뮤니티 크기가 성장하는 프로젝트가 더 좋습니다.

커뮤니티 퀄리티는 직접 커뮤니티에 참여하면서 얼마나 많은 사람이 얼마나 많이 대화를 나누는지 살펴보면 됩니다. 디스코드 커뮤니티에 가입한 후 한국 시간 기준으로 아침부터 오후까지 해당 커뮤니티에서 얼마나 많은 대화와 버즈가 발생하는지 확인해 보는 것입니다. 이더리움 기반 프로젝트의 경우 보통 해외 투자자 비중이 높은데 시차가 있다 보니 한국 시간으로 자정쯤 채팅이 활발할 수밖에 없습니다. 따라서 해외 투자자들은 잠을 청하고 우리는 활발하게 활동하는 시간대에도 커뮤니티 활성도가 높다면 매우 긍정적으로 평가할 수 있습니다.

화이트리스트 작업: M2W 전략

민팅 투자에 참여할 프로젝트를 선정했다면 다음으로 화이트리스트 작업을 진행합니다. 민팅에는 화이트리스트만 참여할 수 있는 프리세일과 누구나 참여할 수 있는 퍼블릭세일^{Public-sale}이 있지만 사실상 퍼블릭세일에 참여해 투자수익을 창출하기란 하늘의 별 따기입니다.

왜일까요? 먼저 인기 있는 프로젝트일수록 퍼블릭세일을 통해서라도 민팅을 하려는 대기 수요자가 많기 때문에 경쟁이 아주 치열합니다. 민팅을 하고 싶어도 할 수가 없는 것이죠. 그러다 보니 운에 기대야만 하는데 투자자 입장에서는 너무 비효율적인 일입니다. 또 퍼블릭세일의 경우 많은 사람이 몰려 순간적으로 가스비가 급격하게 상승할 수 있기 때문에 민팅가보다 비싼 가스비를 지불해야 하는 경우도 생깁니다. 반대로 화이트리스트는 최소 1개 이상의 NFT를 확정적으로 민팅할 수 있는 확정 민팅 권한도 얻을뿐더러 민팅 당일 경쟁이 치열하지 않아 가스비도 절약할 수 있다는 장점이 있습니다. 실제로 투자를 해보면 알겠지만 화이트리스트가 누리는 장점은 무시할 수 없을 만큼 많기 때문에 웬만큼 능숙한 투자자가 아니라면 퍼블릭세일 참여는 추천하지 않습니다.

물론 화이트리스트를 얻는 일도 난도가 높습니다. 사실 어렵다기보다는 '귀찮다'에 가깝습니다. 인기 있는 프로젝트일수록 경쟁이 치열하니 화이트리스트를 얻기가 더 힘들어지겠죠? 여기에는 따로 팁이라고 할 만한 것이 없습니다. 프로젝트마다 제시하는 화이트리스트 획득 조건이 정해져 있는 데다 그 조건 대부분이 커뮤니티 활동을 열심히 하는 것이기 때문입니다. 이런 조건에는 팬아트를 그리거나 개인 SNS에 해당 프로젝트를 홍보하는 활동 등이 포함됩니다. 예전에는 일정 횟수 이상의 대화를 진행하는 것 같은 특정 조건을 만족하면 화이트리스트를 얻을 수 있었지만 점차 경쟁이 치열해짐에 따라 최근에는 '핸드픽*Hand-pick*' 방식을 많이 채택하고 있습니다. 운영자들이 커뮤니티를 계속 모니터링하면서 실제로 활동을 많이 해 눈에 띄는 아이디를 직접 뽑는 것입니다.

　물론 시간적 여유가 있거나 귀찮은 일도 마다하지 않는 사람이라면 이를 감수하고 직접 열심히 활동해 화이트리스트를 얻을 수 있지만 이런 과정은 여러 측면에서 비효율적입니다. 특히 전업 투자자가 아닌 본업이 있는 사람이라면 더 힘들겠죠. 따라서 저는 화이트리스트를 좀 더 쉽게 얻을 수 있는 방법을 사용합니다. 이름하여 'M2W*Money-to-Whitelist*' 전략입니다. 이 전략에는 두 가지 방법이 있습니다.

Llamaverse Genesis

Created by LlamaverseDeployer

4.0K	**118**	♦ **4.49**	♦ **5.6K**
items	owners	floor price	volume traded

Llamaverse is a 4000 Supply Genesis Collection.

(Owner Count isn't correctly displayed on Opensea due to Staking)

93% Staked (Staking Launch 03/19)

그림 40. 라마버스 제네시스의 오픈시 프로필

적은 자본을 투입해 높은 효용을 얻어라, 알파패스*Alphapass*

이 전략에는 약간의 자본이 투입되는데요, 만약 민팅 투자를 하는 데 민팅 비용 외에 기타 비용을 지불할 마음이 없는 사람은 넘어가도 좋습니다. 다만 직접 이 방법으로 투자를 진행하고 있는 입장에서 투입되는 자본 대비 효용이 매우 높기 때문에 소개합니다.

최근에는 '알파패스'라고 불리는 NFT가 많이 발행되고 있습니다. '라마버스 제네시스*Llamaverse Genesis*', '프리민트 컬렉터 패스*PREMINT Collector Pass*', '러그번*RugBurn*' 등이 대표적인 알파패스 NFT로 수집에 1차 목적이 있는 기존 NFT와 달리 홀더들에게 특정한 기능과

그림 41. 프리민트 컬렉터 패스의 오픈시 프로필

혜택을 제공하는 데 목적이 있는 NFT입니다. 알파패스 NFT는 해당 NFT를 보유한 홀더에게 지속적으로 다른 프로젝트의 화이트리스트를 얻을 수 있는 혜택을 줍니다. 알파패스 NFT가 민팅을 앞둔 프로젝트와 협업해 일정 수량의 화이트리스트 스폿^{Spot}을 받아 홀더들에게 나눠주는 방식입니다. 알파패스 NFT가 등장한 초기에는 이런 기능이 활발하지 않았지만 라마버스나 프리민트 같은 NFT가 흥행에 성공하면서 이를 통해 화이트리스트를 얻을 수 있는 기회가 늘어나고 있습니다. 라마버스나 프리민트는 혜택이 강력하고 인기가 많아 바닥가가 매우 높습니다.

여기서 우리가 사용할 수 있는 M2W 전략은 라마버스 같은 블루칩 알파패스 NFT를 구매하는 것이 아니라 틈새시장을 공략하는 것입니다(물론 투자금에 여유가 있다면 블루칩 NFT를 구매하는 것도 좋은 방법입니다). 실제로 알파패스 계열의 NFT는 라마버스로 시작돼 프리민트로 정점을 찍은 후 점점 더 많이 발행되고 있습니다. 초기 알파패스 NFT는 상대적으로 낮은 가격으로 거래되고 다양한 신규 NFT가 민팅되니 괜찮은 프로젝트를 골라 보유하면 좋습니다. '일로직스*illogics*'나 '릭하우스 DAO*Rickhouse DAO*' 같은 NFT가 알파패스 기능 구현을 준비 중이며 이 프로젝트들은 0.3이더리움 이하로 거래되고 있어 가격 부담도 상대적으로 덜한 편입니다.

'NFT 화이트리스트를 얻기 위해 돈을 써야 한다니 이게 말이 되는 소리야?' 하는 생각이 드는 분도 있을 것입니다. 그런데 M2W 전략에는 알파패스 NFT에 투자해 유망한 프로젝트의 화이트리스트를 편하게 얻는다는 점 외에도 또 다른 장점이 있습니다. 바로 알파패스 NFT 자체가 투자 대상이 된다는 것입니다. 프리민트 컬렉터 패스의 경우 민팅 가격은 0.25이더리움이었지만 이후 알파패스 기능이 인기를 끌면서 현재 약 1.8이더리움의 바닥가를 형성하고 있습니다. 좋은 알파패스 NFT를 선택해 보유하는 경우 그 기간 동안 다양한 화이트리스트 및 기타 홀더 이점을 얻을 수 있을뿐더러 해당 NFT 가격이 상승함에 따라 보유 자산의 가치가 증가하는 효과도 얻을 수 있습니다. 최근 NFT 시장의 트렌드 초점이 알파패스를 이용한 효율적이고 편리한 민팅 참여에 맞춰지고 있는 만큼 앞으로 다양한 알파패스 NFT가 출시될 것으로 판단되며 가격적 이점 역시 유지될 것으로 보입니다.

하나의 NFT로 또 하나의 NFT를 얻어라, NFT 스노우볼링

둘째로 우리가 편리하게 사용할 수 있는 M2W 전략은 바로 'NFT 스노우볼링'입니다. 어떤 면에서는 알파패스와 유사하다고도 볼 수 있습니다. 해당 NFT를 보유함으로써 얻을 수 있는 홀더 혜택 중 보편적인 것이 바로 '기브어웨이^{Giveaway}', 즉 화이트리스트 추첨을 이용해 민팅에 적극적으로 참여하는 것이기 때문입니다. 대신 알파패스 NFT의 제1목적이 수집보다는 효용에 있다면 NFT 스노우볼링 전략은 일반 PFP$^{Profile\ Picture}$ NFT를 보유하면서 동시에 부가 혜택을 얻는다는 점이 다릅니다.

NFT 스노우볼링은 NFT 시장의 마케팅 전략에서 파생된 투자법 중 하나입니다. NFT는 크게 블루칩 NFT와 그 외 NFT 프로젝트로 구분됩니다. BAYC, 두들스, 아즈키처럼 가격이 높고 거래량이 많은 프로젝트를 블루칩 NFT라고 합니다. 현재 시장에 출시되는 대부분의 NFT는 막대한 자금력을 보유한 기업의 주도로 만들어지기보다 개인(혹은 개인이 모인 소규모 팀) 단위로 제작되고 있습니다. 이때 각 NFT의 파운더들은 자신들의 NFT가 민팅 단계에서 '완판'되고 지속적으로 흥행을 이어가게 하기 위해 여러 가지 마케팅 전략을 구사하는데 문제는 자금력이 부족하다는 것입니다. NFT 시장에서 성공적으로 프로젝트를 이끌어 나가고 있는 아디다스나 돌체&가바나 혹은 현대차 같은 대기업은 마케팅을 하는 데 무리가 없습니다. 인프라와 채널, 커뮤니티와 자금력이 충분하기 때문이죠. 하지만 소규모로 진행되는 NFT는 글로벌 투자자를 대상으로 공격적인 마케팅을 구사하기에 금전적 어려움이 있습니다. 따라서 이들이 주로 활용하는 효과적인 마케팅 전략이 바로 블루칩 NFT와 연계하는 것입니다.

이들은 블루칩 NFT와 협업해 블루칩 NFT 홀더에게 일정 수량의 화이트리스트 스폿을 제공합니다. 이를 통해 블루칩 NFT 운영 팀은 홀더들에게 다른 NFT의 화이트리스트를 간편하게 얻을 수 있는 혜택을 제공할 수 있고 신규 NFT 운영 팀은 블루칩 NFT 홀더를 자신들의 NFT로 유인할 수 있다는 이점이 있습니다. 일종의 윈윈 전략이죠. 만약 여러분이 관심 있게 지켜보고 있는 신규 NFT 프로젝트에 다수의 BAYC 혹은 두들스 홀더가 민팅에 참여하려고 대기 중이라는 소식을 들었다면 어떤 생각이 들까요? '어? 저 사람들이 민팅하려는 걸 보니 분명 좋은 게 있을 거야' 하고 생각하지 않을까요? 이런 이유로 많은 신규 프로젝트가 초기에 유의미한 고객을 유치하기 위해 블루칩 NFT와 협업합니다. 반대로 블루칩 NFT 홀더는 다양한 신규 NFT의 화이트리스트를 얻을 수 있고요.

원래 이런 마케팅 기법은 초기 블루칩 NFT에 집중돼 있었습니다. 하지만 최근에는 블루칩 NFT뿐 아니라 다양한 NFT 프로젝트가 신규 프로젝트와 협업해 홀더에게 화이트리스트 혜택을 제공하고 있습니다. 이를 이용해 화이트리스트 제공 혜택이 포함된 NFT를 보유하는 전략을 취하면 효율적인 투자가 가능해집니다.

물론 블루칩 NFT라고 해서 모두 이런 기회를 적극적으로 제공하는 것은 아닙니다. 반대로 유명하지 않은 NFT라고 기회를 제공하지 않는 것도 아닙니다. 가령 블루칩 NFT 중 아즈키와 WoW 프로젝트는 타 프로젝트와 적극적으로 협업하고 있는 반면에 '데드펠라즈^{Deadfellaz}'는 화이트리스트 협업을 일절 진행하지 않습니다. 특히 WoW은 공식 2차 프로젝트인 '월드 오브 위민 갤럭시$^{World\ of}$ $^{Women\ Galaxy,\ WoWG}$' 홀더에게 WoW 홀더와 동일한 혜택을 제공하고 있으니 WoWG NFT를 하나 보유하는 것도 가성비 높은 전략이 될 수 있습니다.

가격 때문에 블루칩 NFT를 보유하기가 부담되는 투자자를 위한 프로젝트도 많습니다. '로보로브스키Roborovski', '디피즈Dippies' 및 '스페이스팔스SpacePals' 같은 프로젝트의 경우 바닥가는 상대적으로 낮지만 홀더에게 여러 혜택을 주기 위해 운영 팀에서 지속적으로 신규 프로젝트 화이트리스트 스폿을 업데이트합니다.

M2W 전략이 지극히 상업적이라거나 초기 자본금이 필요하다는 이유로 거부감을 느끼는 사람도 있을 수 있습니다. 하지만 꾸준히 NFT 투자를 해온 경험상 기존 잣대로 판단하고 행동해서는 NFT 시장에서 살아남을 수 없습니다. 커뮤니티, 수집품, 정성적 가치 등을 기반으로 한다는 점에서 NFT 시장은 기존 투자시장과는 철저히 다른 생태계를 만들어 나가고 있습니다. 지금 NFT 시장, 특히 민팅 투자에 참여하는 가장 효과적이고 보편적인 방법은 알파패스 NFT나 기타 PFP NFT를 보유한 상태로 신규 NFT 프리세일에 참여할 다양한 화이트리스트 기회를 얻는 것이고 이것이 바로 NFT 스노우볼링입니다.

실전은
눈치 게임이다

순위 전략, M2W 전략은 모두 매몰비용이다

유망한 프로젝트를 선정하고 화이트리스트도 얻어 민팅 준비를 모두 마쳤다면 정해진 날짜에 민팅에 참여하게 됩니다. 사실상 앞의 모든 과정은 민팅을 위한 준비 단계라고 볼 수 있죠.

대부분의 초보 투자자는 프리세일이 시작되면 바로 민팅을 진행합니다. 저 또한 초보 투자자였을 때 화이트리스트를 얻었다는 사실이 마냥 기뻐 프리세일이 열리자마자 민팅을 했었죠. 어떤 프로젝트는 민팅 직후 가격이 급등하기도 했지만 일부 프로젝트는 민팅 흥행에 참패해 전체 민팅 물량이 판매되지 않은 적도 있었습니다.

민팅을 통해 안전하게 수익을 창출하기 위해서는 민팅 직전까지의 모든 과정이 매몰비용이라는 사실을 반드시 인지해야 합니다. 유망한 프로젝트를 선정하기 위해 민티스코어나 디스코드 커뮤니티를 뒤적거리고 화이트리스트를 얻기 위해 직접 팬아트를 그리거나 알파패스 NFT를 구매하는 것, 이 모든 행동은 어느 틈엔가 비용으로 인식됩니다. 그리고 내가 들인 노력과 시간이 비용으로 인식되는 순간 우리는 그 비용에 대한 보상을 받길 바라죠. 그래서 프리세일이 시작되면 '경쟁이 치열했지만 나는 결국 화이트리스트를 얻었어! 이제 가격이 엄청나게 오를 테니 빨리 민팅해야지!' 하는 생각과 함께 MINT 버튼을 눌러 이더리움을 지불하고 NFT를 구매합니다. 하지만 앞서 뮤턴트 시바 클럽 사례에서도 봤듯 커뮤니티 크기가 크고 많은 사람이 관심 있게 지켜보는 프로젝트라고 해서 무조건 민팅이 흥행하는 것은 아닙니다. 뮤턴트 시바 클럽은 심지어 흥행은커녕 정해진 판매 물량조차 완판되지 못한 대표적인 실패 사례로 꼽힙니다.

이런 현상이 생기는 이유는 민팅 이전까지는 보이지 않는 심리가 주로 작용하지만 민팅 자체에는 철저히 행동이 반영되기 때문입니다. 민팅이 진행되기 전에는 군중심리와 기대심리가 복합적으로 영향을 미칩니다. 트위터나 디스코드 인원이 많으면 많을수록 더욱

더 많은 사람이 모이고 이렇게 모인 사람들은 북적거리는 커뮤니티를 보면서 프로젝트가 잘될 것 같다는 생각을 하죠. 커뮤니티 활동에는 금전적 비용이 들지 않습니다. 그냥 컴퓨터 자판을 두들기고 손으로 그림을 그리면 충분합니다. 이렇게 들어가는 비용이 없으니 기대심리는 점점 커지고 그 영향도 강력해집니다. 하지만 민팅은 다릅니다. 내가 보유한 화폐를 직접 지불해야 하니 비용이 필요 없을 때의 심리와 비용이 필요할 때의 행동 사이에 괴리가 생깁니다.

따라서 민팅에 참여하는 순간에는 커뮤니티 활성도, 크기, 흥행 기대감 같은 이전까지의 정성적 지표는 모두 잊고 행동 지표에만 집중해야 합니다. 민팅의 행동적 지표는 단 하나입니다. 바로 '민팅이 얼마나 됐는가'입니다.

속도와 개수를 보고 마지막의 마지막에 참여하라

민팅의 흥행 여부, 즉 얼마나 바닥가가 높은가는 결국 모든 물량이 판매됐는가, 얼마나 빠르게 완판됐는가에 의해 결정됩니다. 판매 물량의 완판 여부는 아주 기본적인 흥행 지표입니다. NFT의 희소성이 보장되는 이유는 전체 공급 물량이 한정돼 있기 때문이고

NFT 가격이 높게 형성되는 이유는 한정된 공급 물량을 상회하는 수요가 몰리기 때문입니다. 그런데 민팅 단계에서 전체 공급 물량이 완판되지 않았다면 해당 프로젝트는 흥행의 기본 조건도 만족하지 못한 셈입니다. 또 민팅 강도는 대기 수요의 힘을 뜻합니다. 모든 화이트리스트 보유자가 민팅에 참여했다는 것은 그만큼 해당 프로젝트에 대한 관심과 수요의 힘이 강력함을 의미합니다. 이런 경우 대부분 민팅 이후 거래가 진행되는 오픈시 같은 2차 시장에서도 수요가 집중되고 이는 가격 상승으로 이어지죠.

따라서 화이트리스트를 보유하고 민팅에 참여한다면 민팅이 진행되는 추이를 파악하면서 마지막 완판 직전에 민팅에 참여하는 전략이 효과적입니다. 민팅 강도는 오픈시와 '아이시툴스$^{icy.}$ ^{tools}'(https://icy.tools/)에서 확인할 수 있습니다.

〈그림 42〉처럼 오픈시에서 민팅에 참여할 프로젝트를 찾아보면 해당 NFT 메인 화면에서 실시간으로 발행 물량^{items}과 보유자 수^{owners}, 바닥가를 확인할 수 있습니다. 따라서 프리세일이 시작되면 오픈시에서 해당 프로젝트를 검색해 실시간으로 발행 물량 숫자를 확인해야 합니다. 만약 프리세일 물량이 3000개라면 프리세일이 시작된 직후 계속 모니터링해 발행 물량이 빠른 속도로 3K에 가까워질 때 좋은 신호로 판단하고 민팅에 참여하면 됩니다.

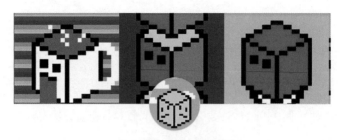

그림 42. 저스트큐브즈^{JustCubes}**의 오픈시 프로필**

아이시툴스에서는 더 직관적으로 민팅 관련 데이터를 확인할 수 있습니다. 전체 몇 개 물량이 민팅되고 있는지뿐만 아니라 1인당 몇 개의 NFT를 보유하고 있는지 같은 부가 데이터도 시각화해 보여줍니다. 여기에서도 마찬가지로 민팅이 시작된 직후 전체 물량 중 몇 개가 판매되고 있는지 판매 추이를 실시간으로 확인하면서 완판되기 직전에 참여하는 것이 좋습니다.

어느 정도 속도로 민팅이 진행되는 것이 적합한가는 콕 집어서 '몇 분에 몇 퍼센트가 판매돼야 좋다'고 이야기할 수 없습니다. 24시

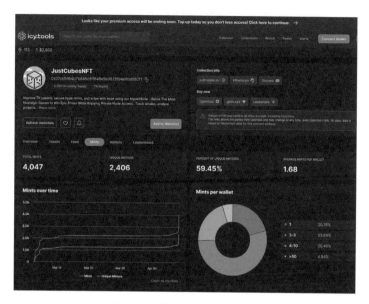

그림 43. 아이시툴스 민팅 데이터 대시보드

간 동안 세일이 진행되는 경우 어떤 프로젝트는 시작한 지 1분 만에 완판되기도 하는 반면 어떤 프로젝트는 22시간 동안 민팅이 거의 되지 않다가 마지막 2시간에 급속도로 완판되기도 합니다. 아무래도 시장 거래 데이터 없이 심리와 같은 정성적 측면이 강하게 작용하는 이벤트다 보니 정형화된 공식은 나올 수 없겠죠. 하지만 실제 민팅에 참여하면서 몇 번 시행착오를 겪다 보면 감각을 익힐 수 있습니다. 민팅에 참여할 때 '민팅=눈치 게임'이라는 것만 꼭 기억하길 바랍니다. 민팅이 진행되는 속도와 추이를 보면서 가능하다면 실

Quirkies Originals ✔

Created by QuirkiesDeployer

5.0K	2.2K	◆ 2.89	◆ 12.1K
items	owners	floor price	volume traded

5,000 Quirkies brought into the metaverse to celebrate everyone's quirks'

그림 44. 쿼키스 오리지널스의 오픈시 프로필

Quirkies Originals

Quirkies Originals stats in this DApp

	Revenue	Spending		ROI (realized)
—	Ξ0.733	Ξ0.110	—	563.6%
	$2.147	$240		$18.4% (Ξ)

Updated May 3, 2022 04:00:00

Sales

Item	Sold	Cost Basis	Proceeds	Gain (or loss)	Weekly Gain (or loss)
Quirkies	1	Ξ0.110	Ξ0.733	Ξ0.623	Ξ0.000

Updated May 3, 2022 04:00:00

그림 45. 쿼키스 오리지널스 NFT를 통한 수익 실현 사례

시간으로 트위터나 디스코드에서 반응을 살펴보는 것도 좋습니다. 실제로 성공한 프로젝트를 보면 민팅이 진행됨과 동시에 민팅에 참여한 사람이 개인 트위터 계정에 민팅했다는 트윗을 올리고 여기에 무수히 많은 '좋아요'가 찍히기도 하니까요.

저는 이 같은 방식을 통해 0.055이더리움에 '쿼키스 오리지널스 *Quirkies Originals*' NFT 민팅에 참여했고 약 0.7이더리움에 재판매해 약 563퍼센트의 ROI로 높은 수익을 기록한 적이 있습니다. 현재 쿼키스 NFT의 바닥가가 약 3이더리움인 것을 감안하면 민팅 투자를 통해 얻을 수 있는 기대수익이 얼마나 높은지 체감할 수 있으리라고 생각합니다.

리빌
투자법

리빌 전에
팔아라

무엇이 나올까?

NFT 투자자에게 민팅 다음으로 중요한 투자 이벤트는 바로 리빌입니다. 리빌은 다른 자본시장에서는 찾아볼 수 없는, NFT에 국한된 독특한 요소입니다. 군이 찾아보자면 우리가 즐겨 하는 게임에 리빌과 유사한 요소들이 있습니다. 랜덤박스처럼 일종의 뽑기 같은 메커니즘이라고 할 수도 있으니까요. 요즘 유행하는 포켓몬빵의 띠부띠부씰도 비슷하겠네요.

간단히 말해 리빌은 NFT에 고유성과 희소성을 부여하는 방법 중 하나로 다양한 특성을 임의의 확률로 조합해 하나의 NFT 컬렉

그림 46. 쿼키스 오리지널스 NFT 컬렉션 오픈시 프로필

선 안에 있는 NFT가 서로 다른 이미지를 갖게 만드는 과정을 뜻합니다.

알파패스 NFT는 수집 목적으로 제작되지 않기 때문에 특성이 없는 형태지만 일반 NFT는 모두 특성이 있습니다. NFT의 기본 속성인 희소성과 고유성이 필요하기 때문입니다. 우리 각자는 나와 똑같은 사람이 이 세상에 존재하지 않기 때문에 고유하고 희소한 존재입니다. 그리고 나라는 존재의 고유성은 피부색, 이목구비, 목소리, 성격 등 나를 규정하는 다양한 특성에 의해 정의됩니다. NFT도 그렇습니다. 눈 모양, 머리 스타일, 옷, 모자 등의 특성마다 등장 확률값이 다르게 주어지고 이들이 임의로 조합돼 하나의 이미지로 나타나는데 이 과정을 리빌이라고 합니다.

한 권으로 끝내는 NFT 투자 수업

'처음 민팅할 때부터 리빌된 상태로 판매하면 되지 않나? 왜 굳이 리빌이라는 이벤트가 따로 있는 거지?' 같은 궁금증이 생길 수 있습니다. 저 또한 처음 NFT를 접했을 때 그랬으니까요. 물론 저는 지금도 그 답을 명확하게 알지 못합니다. 재미 요소를 넣고자 했을 수도 있고 아니면 제가 알지 못하는 기술적 배경이 있을 수도 있죠.

하지만 NFT 투자자로서 반드시 명심해야 하는 것은 리빌이라는 일종의 재미 요소가 우리로 하여금 편향에 치우쳐 투자 오류를 범하게 한다는 사실입니다.

긁지 않은 복권

초보 투자자와 이야기를 나눠보면 리빌을 기대하는 사람이 매우 많다는 사실을 알 수 있습니다. 리빌을 통해 훨씬 더 높은 수익을 얻을지 모른다는 기대감이 있기 때문입니다.

어떤 NFT든 리빌로 특성이 조합되는 과정에서 희귀한 특성끼리 만나는 경우가 있습니다. 이를 '레어리티^{Rarity}'라고 하는데요, 희귀도가 높은 특성을 보유한 NFT는 동일 컬렉션 내에서도 높은 가격에 거래됩니다. 당연하겠죠. 등장 확률이 낮으면 낮을수록 희귀도

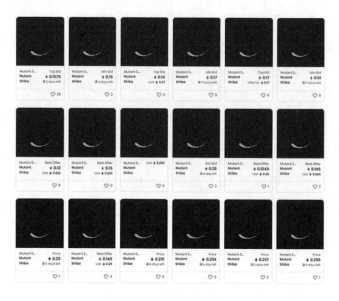

그림 47. 리빌 전 컬렉션 모습

가 높아지고 희귀도가 높을수록 거래 가격이 높아지는 것이 시장
의 보편 논리니까요.

　민팅 후 처음 홀더의 NFT 지갑으로 전송되는 NFT는 리빌되
지 않은 상태입니다. 이어지는 리빌 과정을 통해 NFT마다 서로 다
른 특성을 기반으로 서로 다른 생김새를 지니게 되죠. 기술적으로
리빌은 사전에 세팅된 확률값에 따라 각 NFT에 특성을 부여합니
다. 예를 들어 날개라는 특성이 있다고 가정해 봅시다. 아마 90퍼센
트 이상의 확률로 등장하는 날개 특성은 '없음'일 것입니다. 5퍼센

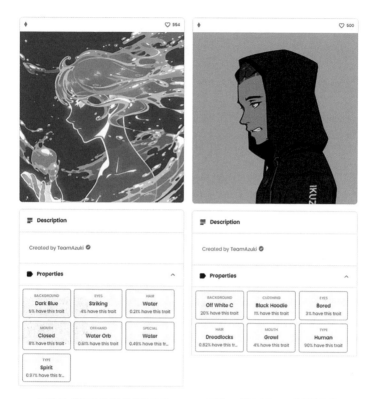

Description

Created by TeamAzuki

Properties

BACKGROUND	EYES	HAIR
Dark Blue	Striking	Water
5% have this trait	4% have this trait	0.21% have this trait

MOUTH	OFFHAND	SPECIAL
Closed	Water Orb	Water
8% have this trait	0.61% have this trait	0.49% have this tr...

TYPE		
Spirit		
0.97% have this tr...		

그림 48. 아즈키 #2174의 특성 구성

Description

Created by TeamAzuki

Properties

BACKGROUND	CLOTHING	EYES
Off White C	Black Hoodie	Bored
20% have this trait	1% have this trait	3% have this trait

HAIR	MOUTH	TYPE
Dreadlocks	Growl	Human
0.82% have this tr...	4% have this trait	90% have this trait

그림 49. 아즈키 #9183의 특성 구성

트 확률로 등장하는 날개 특성으로 '부서진 날개'가 있을 수 있겠죠. 그리고 가장 높은 희귀도의 '천사 날개'라는 특성은 0.01퍼센트 확률로 등장하도록 세팅돼 있을 것입니다. 그리고 리빌이 진행될 때 이런 사전 확률값에 따라 특성이 조합됩니다.

실제로 2022년 1월 마지막 거래가가 약 130이더리움이었던 아즈키 #2174는 0.21퍼센트 확률로 등장하는 '머리-물$^{HAIR-Water}$', 0.49퍼센트 확률로 등장하는 '스페셜-물$^{SPECIAL-Water}$' 특성을 보유하고 있습니다. 총 7개의 특성 중 대부분이 10퍼센트 미만의 확률값을 보유하고 있는, 한마디로 매우 희귀한 NFT입니다. 이와 대조적으로 〈그림 50〉처럼 아즈키 #9183은 상대적으로 보편적 확률값을 지니는 특성들로 구성돼 거래가 거의 이뤄지지 않는다는 점을

그림 50. 높은 가격에 거래되는 아즈키 #2174(위)와
거래가 거의 이뤄지지 않는 아즈키 #9183(아래)

확인할 수 있습니다.

이처럼 리빌 이전 상태의 NFT를 보유한 홀더 입장에서 리빌은 복권을 긁는 이벤트나 다름없습니다. 리빌을 통해 앞서 살펴본 아즈키 #2174처럼 희귀도 높은 NFT를 뽑는다면 훨씬 더 큰 시세차익을 얻을 수 있기 때문입니다. 따라서 많은 초보 투자자가 민팅이나 오픈시 거래를 통해 리빌 전 상태의 NFT를 구매해 리빌까지 진행하는 경우가 많습니다.

하지만 리빌 전 상태의 NFT를 보유한 상황에서 리빌까지 진행하는 것은 상당히 비이성적이고 비효율적인 방식입니다. 조금만 수학적으로 생각해 봐도 쉽게 이유를 알 수 있습니다. 사전에 세팅된 확률값이 존재한다는 기술적 배경 위에서 우리가 리빌을 통해 희귀하지 않은, 즉 레어리티가 낮은 NFT를 얻을 확률은 레어리티가 높은 NFT를 얻을 확률에 비해 높다고 볼 수 있습니다. 실제로 한 컬렉션 안에서 가격대가 상대적으로 높은 '레어리티 톱 10퍼센트'의 NFT는 숫자 그대로 전체 NFT 중 10퍼센트만 존재한다는 뜻이기 때문이죠. 수학적 기대이익 관점에서 본다면 리빌을 진행하는 것은 매우 불리한 선택이 될 확률이 높다는 말과 같습니다. 그럼에도 대부분의 사람이 '내가 5개의 NFT를 갖고 있는데 리빌을 진행하면 못해도 1개 정도는 희귀한 게 나오지 않을까?' 하는 오류를 범합니다. 수학적으로 전체 NFT 중 희귀한 것이 등장할 확률은 10퍼센트도 채 되지 않는데 말입니다. 매주 복권을 구매하면서 '나는 당첨될 거야' 하고 기대하는 것과 다를 바가 없죠.

리빌과 바닥가의 관계

리빌 이벤트가 NFT의 생애 주기 중 손에 꼽을 만큼 중요하다고 말하는 이유는 바로 리빌 이전과 이후 가격 변동 폭이 크기 때문입니다. 통계적으로 그리고 경험적으로 대부분의 NFT는 리빌이 진행되면 리빌 이전 가격 대비 20~30퍼센트 정도 낮은 바닥가를 형성합니다.

리빌 이전에는 어떤 NFT가 어떤 특성을 보유할지에 대한 기대감으로 많은 사람이 민팅에 참여하거나 오픈시 같은 2차 시장에서 구매를 하기도 합니다. 민팅을 성공적으로 마쳤다는 전제하에 리빌 직전까지 해당 프로젝트의 구매를 원하는 수요자는 지속적으로 증가하고 한정된 공급 대비 과잉된 수요는 자연스럽게 가격 상승을 유발합니다. 이렇게 리빌 이전에 발생하는 잠재적 수요에는 프로젝트 자체에 대한 긍정적 기대와 함께 리빌을 통해 희귀한 NFT를 뽑

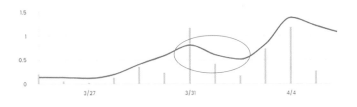

그림 51. 리빌 전후 단기 바닥가 변화

을 수 있지 않을까 하는 기대도 함께 작용합니다.

이 상태에서 리빌이 진행되면 90퍼센트 이상의 낮은 등급 NFT
를 뽑은 사람들의 일종의 '실망 매물'이 시장에 쏟아집니다. 희귀도
가 낮은 NFT를 뽑은 사람들은 가격이 하락하기 전에 남들보다 빠
르게 NFT를 처분하려고 하죠. '에이 별거 아닌 게 뽑혔네, 빨리 팔
아야지' 하면서 말입니다. 물론 이보다 훨씬 더 다양한 심리 요인과
외부 요인이 작용하긴 하지만 대부분의 프로젝트가 이런 과정을 거
칩니다.

리빌 이벤트를 계기로 가격이 더욱 급격하게 상승하는 프로젝트
도 있긴 있습니다. 하지만 확률에 기초한 수학적 사고에 따르면 몇
몇 예외적인 경우를 제외하고 리빌 이후 단기적으로 가격이 하락할
확률이 더 높다는 사실에는 변함이 없습니다. 따라서 경험 많고 실
력 있는 NFT 투자자는 리빌을 중요한 판매 시점으로 생각합니다.

리빌이 진행되기 전 수요가 반짝 집중될 때 오히려 자신이 보유한 NFT를 판매하는 것입니다. 해당 NFT의 잠재적 가치가 높다고 보는 투자자는 리빌이 진행되고 자연스럽게 프로젝트의 바닥가가 하락하기를 기다렸다가 낮은 가격에 재구매하는 전략을 택하기도 합니다. 그래서 NFT 투자자 사이에는 이런 말이 있습니다.

"리빌 전에 파는 건 '국룰'이지!"

리빌
투자 전략

SRT 전략

리빌 전후로 가격 변동성이 크다는 사실은 투자자 입장에서 상당히 매력적인 투자 포인트입니다. 그만큼 높은 시세차익을 얻을 기회가 생긴다는 뜻이기 때문입니다. 게다가 리빌은 대부분 민팅 이후 약 1개월 안에 진행됩니다. 짧게는 1~2일, 길게는 2~3개월 안에 리빌이 이뤄지는데요, NFT 프로젝트의 유동성이 민팅 직후 집중된다는 점을 고려했을 때 민팅 이후 짧은 시일 내에 진행되는 리빌은 변동성뿐 아니라 유동성도 받쳐주는 투자 타이밍이라고 볼 수 있습니다. 실제로 리빌 직전과 직후는 제가 가장 많은 트레이딩을 진행하는 타이밍이기도 합니다. 물론 대부분의 유명한 트레이더도 리빌 전후 가장 많은 단기 트레이딩을 진행합니다.

리빌 이벤트를 매매 타이밍으로 활용하는 것을 저는 'SRT 전략'이라고 부릅니다. Sell판매-Reveal리빌-Trading트레이딩의 약자를 따서 만든 전략인데요, 말 그대로 리빌 직전에 매도하고 리빌 직후 가격 이점이 생긴 시점에 다시 트레이딩 관점으로 접근한다는, 일종의 매매 타이밍을 보여주는 투자법입니다. SRT는 고속철의 이름이기도 한 만큼 빠르게 트레이딩해 수익을 창출한다는 뜻을 담아봤습니다. 이 전략은 다양한 분석이 필요한 전략이 아니라 민팅과 리빌이라는 명확하고 확정적인 이벤트만을 활용해 구매·판매 타이밍을 잡아 트레이딩하는 전략으로 누구나 쉽게 따라 할 수 있습니다.

그럼 실제로 제가 SRT 전략을 사용해 약 700퍼센트에 가까운 수익률을 창출한 사례를 보여드리겠습니다.

SRT 전략 실전 적용 사례

제가 SRT 전략을 적용해 트레이딩한 대표 사례로 '키와미 제네시스KIWAMI Genesis'라는 프로젝트가 있습니다.

그림 52. 키와미 제네시스 NFT 홈페이지

키와미는 일본에서 제작돼 운영 중인 NFT 프로젝트로 아즈키 같은 일본 애니메이션풍 아트워크의 NFT입니다. 다양한 오퍼링 제공, 멀티미디어 광고 및 DAO^{Decentralized Autonomous Organization} 구축 등의 프로젝트 로드맵을 지니고 있습니다.

키와미는 2022년 3월 24일 민팅이 진행됐고 저는 화이트리스트는 없었지만 챕터 8에서 설명한 것처럼 민팅 진행 추이를 모니터링하며 수요 강도를 파악한 후 〈그림 53〉처럼 오픈시에서 2차 거래를 통해 키와미 NFT를 개당 0.123이더리움에 구매했습니다.

〈그림 54〉에서 보듯 리빌 예정일인 4월 1일 전까지 키와미의 바닥가는 지속적으로 상승했습니다. 저는 가격 상승 추이를 지켜보다가 〈그림 55〉처럼 리빌 예정일 전인 3월 28일 개당 0.438이더리움

그림 53. 키와미 제네시스 NFT 구매 내역(3월 24일)

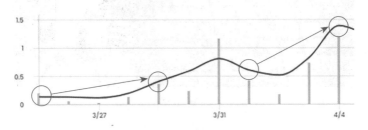

그림 54. 키와미 제네시스 NFT 가격 추이

그림 55. 키와미 제네시스 NFT 판매 내역(3월 28일)

그림 56. 키와미 제네시스 NFT 구매 내역(4월 1일)

그림 57. 키와미 제네시스 NFT 판매 내역(4월 4일)

에 보유한 NFT를 모두 매도했습니다.

리빌 전날인 3월 31일 최고가를 달성한 이후 4월 1일 리빌이 진행되면서 가격은 단기적으로 하락했습니다. 지금까지 설명한 대로 리빌이 끝나면 다수의 실망 매물이 시장에 출회하게 되며 과잉 공급과 빠른 매물 정리를 위한 공급자 간 가격 경쟁이 단기적으로 가격 하락을 유발합니다.

4월 1일 리빌 이후 단기적 가격 하락이 나온 시점에 키와미 프로젝트의 가격적 이점을 긍정적으로 판단한 저는 〈그림 56〉처럼 개당 0.377이더리움에 다시 NFT를 구매했고 실제로 3일 만에 가격이 반등했습니다. 그리고 〈그림 57〉에서 보듯 4월 4일 개당 0.9이더리움 근방에 이를 전량 판매하고 트레이딩을 마무리했습니다.

3월 24일 구매 이후 4월 4일까지 2주가 채 되지 않는 기간 동안 모든 트레이딩이 마무리됐습니다. 그사이 진입과 청산은 각각 두 차례 진행됐고 0.123이더리움씩 2개, 총 0.246이더리움의 투자금으로 약 1.726이더리움의 투자수익을 얻었습니다(약 700~800퍼센트 수익률). 리빌 전 판매-리빌-트레이딩이라는 매매 타이밍을 활용한 고속수익화 전략의 대표 사례라고 볼 수 있습니다.

SRT 전략은 구매와 판매를 결정할 때 프로젝트 관련 호재·악재 발생 유무, 수요·공급의 갑작스러운 변화 같은 외부 요인에서 자유롭다는 막강한 장점이 있습니다. 외부 요인이 구매와 판매에 중요한 요인으로 작용하는 투자 전략의 경우 실시간 대응이 어렵고 주관적으로 판단을 내려야 하기 때문에 타이밍을 잡기 힘들다는 단점이 있습니다. 하지만 SRT 전략은 민팅과 리빌이라는 주요 이벤트 일정만 신경 쓰면 투자 가능한 전략이라 쉽고 편리하게 투자할 수 있다는 장점이 있습니다. 물론 민팅부터 리빌까지 소요되는 기간이 짧은 만큼 고속철처럼 빠르게 투자수익을 얻을 수 있다는 장점도 있습니다.

앞에서도 잠깐 말했지만 모든 프로젝트가 키와미처럼 리빌 직후 단기적으로 가격이 하락하지는 않습니다. 분명 리빌 이후에도 지속적으로 가격이 급등하는 프로젝트도 있습니다. 하지만 확률적으로 볼 때 단기적으로 가격이 하락하는 경우는 빈번합니다. 만약 SRT 전략으로 리빌 직전에 판매했는데 가격이 계속 상승한다면 리빌 이후 조금 높은 가격에서 다시 트레이딩해도 무방합니다. 다만 한 번만 하고 말 것이 아니라 꾸준히 NFT 투자를 할 의향이 있다면 한 번의 요행을 기대하기보다는 안정적인 투자 전략을 수립하고 진행하는 것이 장기적 수익률로 봤을 때 훨씬 효과적이리라고 믿어 의심치 않습니다.

BTS 전략

두 번째 리빌 이벤트를 활용한 투사 전략은 BTS 전략입니다. SRT 전략이 하나의 프로젝트를 어떤 타이밍에 구매하고 판매할지 결정하는 전략이었다면 BTS 전략은 어떤 프로젝트를 트레이딩할지 결정하는 데 매우 유용한 전략입니다.

주식, 암호화폐 그리고 NFT까지 사고파는 행위를 기반으로 하는 투자를 할 때 자주 맞닥뜨리는 문제는 바로 '무엇을 살까'입니다. 주식시장에서는 '좋은 종목을 고르는 것이 80퍼센트, 나머지 20퍼센트는 매수와 매도다'라는 말이 있을 정도니 무엇을 살지 고르는 일은 투자에 있어 아주 중요한 요소임과 동시에 아주 어려운 일임이 분명합니다.

2022년 5월 기준 한국 주식시장에는 코스피, 코스닥을 합해 총 2204개 기업 주식이 상장돼 있습니다. 암호화폐 정보 사이트인 코인마켓캡에 따르면 전 세계적으로 총 1만 9327개의 암호화폐가 상장돼 있다고 합니다. NFT 최대 거래소인 오픈시에는 총 3796만 5048개의 NFT가 등록돼 거래되고 있습니다. 특히 NFT 시장은 다른 자본시장과는 달리 매일 여러 개의 신규 NFT 프로젝트가 민팅을 진행하고 시장에 쏟아져 나오다 보니 더욱 어떤 NFT에 투자할지 선택하기가 어렵습니다.

제가 트레이딩할 NFT를 선정할 때 사용하는 전략은 BTS, 즉 Best Top Sellers 전략입니다. 쉽게 말하자면 '현재 가장 활발하게 거래되고 있는 NFT를 선택하라'입니다. BTS 전략은 다음 챕터에서 소개할 로드맵 투자법보다는 리빌 투자법에 어울리는 전략입니다. 즉, BTS 전략으로 NFT를 선택하고 SRT 전략 타이밍에 맞게 거래하는 것이 리빌 이벤트를 가장 효과적으로 활용하는 투자법이라고 할 수 있습니다.

NFT 시장에서 거래가 가장 활발하게 이뤄지는 프로젝트를 고르는 일은 특히 리빌 이벤트와 맞물렸을 때 그 중요성이 극대화됩니다. 하나의 NFT가 민팅되고 리빌 이벤트를 거쳐 중장기적으로 로드맵을 구현해 나가는 NFT 생애 주기를 기준으로 생각해 봤을 때 리빌 직전과 직후에는 개별 프로젝트가 구상한 로드맵이 가격에 미치는 영향이 상당히 제한적입니다. 리빌 이전에는 로드맵이 얼마나 멋있고 체계적인지 혹은 얼마나 별 볼 일 없이 빈약한지보다 단기적 수요와 공급 강도가 가격을 결정합니다. 하지만 리빌 직후 수많은 매물이 쏟아지는 과정에서는 해당 프로젝트의 장기적 가치를 이해하고 좀 더 중장기적으로 NFT를 홀딩하려는 투자자가 밀어 넣는 밀도 높은 수요에 의해 가격 방향이 정해집니다. 만약 어떤 NFT가 중장기적으로 보유할 만큼의 가치는 없으나 민팅 단계에서 많은 관심을 끌었다면 실력 있는 대다수의 NFT 투자자는 모두 리빌 전후 단기적 유동성 안에서 트레이딩을 마치고 빠져나갈 것입니다.

그렇다면 리빌 투자법을 공부하는 우리 입장에서는 리빌 전후 단기적 수요와 공급 강도를 어떤 지표로 판단할 수 있을까요? 바로 거래량Volume입니다. 민팅 이후부터는 2차 거래소에서 개인 간 거래가 이뤄지기 때문에 더는 트위터나 디스코드 등의 커뮤니티에서 정성적 지표를 확인할 필요가 없습니다. 거래소에서 얼마나 많은 사람이 해당 NFT를 판매하고 또 얼마나 많은 사람이 구매하려고 하는지가 수요와 공급 강도를 나타내는 가장 강력한 지표며 이는 거래량이라는 구체적 데이터로 제시됩니다.

예를 들어 한 NFT가 0.1이더리움에 민팅을 진행했다고 가정해보겠습니다. 만약 민팅 진행 직후 2차 시장에서 엄청난 거래가 발생하고 있으며 거래되는 바닥가가 0.2이더리움이라면 어떻게 해석할 수 있을까요? 불과 하루 전 민팅을 진행했을 때 가격이 0.1이더리움인데 민팅가의 2배가 넘는 가격으로 시장에서 많은 사람이 거래를 하고 있다, 즉 많은 사람이 민팅가보다 더 비싼 값을 지불하고서라도 이 NFT를 사려고 한다고 볼 수 있겠죠. 이 사실 하나만으로 얼마나 강력한 수요가 집중되고 있는지 판단할 수 있습니다.

Top NFTs

The top NFTs on OpenSea, ranked by volume, floor price and other statistics.

| | Last 24 hours ⌄ | | ⚏ All categories ⌄ | | ⊖ All chains ⌄ | |

	Collection	Volume	24h % ⌄	7d %	Floor Price	Owners	Items
49	Chromie Squiggle by Snowfro	⬦ 749.16	+1898.84%	+333.46%	⬦ 7.69	2.4K	9.3K
92	Art Blocks Playground	⬦ 287.72	+439.98%	+305.03%	---	7.3K	27.0K
53	Fidenza by Tyler Hobbs	⬦ 416.07	+296.26%	+224.61%	⬦ 86	524	999
94	Shamanzs Official	⬦ 40.19	+250.25%	---	⬦ 0.19	1.2K	2.0K
14	Art Blocks Curated	⬦ 2,571.07	+215.34%	+214.31%	---	11.5K	55.7K
39	OneOnesNFT	⬦ 27.68	+199.47%	---	⬦ 0.08	3.5K	6.6K
100	SLEEP EXHIBITION	⬦ 110.83	+186.75%	---	⬦ 0.37	937	6
99	Project Godjira Gen 2	⬦ 73.02	+181.84%	+36.75%	⬦ 3.59	270	3.3K
93	HALO OFFICIAL	⬦ 268.76	+153.27%	---	⬦ 5.8	86	105
84	JustCubesNFT	⬦ 65.7	+119.78%	+42.51%	⬦ 0.47	3.3K	4.4K
74	Impostors Genesis UFOs	⬦ 49.57	+115.72%	---	⬦ 0.29	4.0K	8.1K

그림 58. 오픈시에서 제공하는 실시간 NFT 순위

그럼 엄청나게 많은 거래량인지는 어떻게 알 수 있을까요? 단순합니다. 거래량 순위를 확인하는 것이죠. 다행스럽게도 오픈시뿐 아니라 많은 외부 사이트에서 실시간 베스트 판매 프로젝트를 집계해 데이터를 제공해 줍니다.

오픈시에서는 메인 화면 우측 상단의 통계^{Stats}–순위^{Rankings}를 클릭하면 실시간 '톱 NFT$^{Top\ NFTs}$'를 확인할 수 있습니다. 순서대로 누

Top NFTs

The top NFTs on OpenSea, ranked by volume, floor price and other statistics.

| Last 24 hours ⌄ | ⚏ All categories ⌄ | ⟷ All chains ⌄ |

그림 59. 시간 간격 설정 방법

적거래량^{Volume}, 변화율$^{24h\%,\ 7d\%}$, 바닥가, 보유자 수 그리고 총발행개수를 확인할 수 있습니다. 처음 순위를 클릭하면 누적거래량 기준 내림차순으로 순위가 정렬돼 있는데 우측 변화율을 클릭하면 거래량 변화율순으로 확인할 수 있습니다. 이 작업을 통해 실시간으로 거래가 많은 프로젝트를 찾아 나갑니다. 초보 NFT 트레이더는 대부분의 프로젝트가 처음 보는 프로젝트일 확률이 높기 때문에 순위를 보면서 하나씩 탐색해 보는 방법을 추천합니다.

'최근 24시간$^{Last\ 24\ hours}$' 탭을 클릭하면 최근 하루, 일주일, 한 달이라는 타임 프레임으로 기준을 변경할 수 있습니다. BTS 전략은 리빌이라는 짧은 기간의 이벤트를 기점으로 트레이딩하는 전략이니 〈그림 59〉처럼 가장 낮은 단위인 하루 기준으로 확인하면 충분합니다.

최근 하루 동안 거래량 변화율이 높은 순서대로 프로젝트를 탐

그림 60. 리빌 전 섬싱 토큰*Sonething Token*의 오픈시 프로필

색하다 보면 〈그림 60〉처럼 리빌이 진행되지 않은 NFT를 발견할
수 있습니다. 리빌 전 NFT가 최근 하루 동안 급격한 거래량 증가
율을 보인다는 것은 단기적으로 많은 수요가 집중돼 큰 관심을 받
고 있다는 뜻입니다. 또 기본적으로 타 NFT 프로젝트에 비해 단기
적 유동성이 강해 가격 변동성이 높음을 뜻하기도 합니다. 특히나
리빌 전이라는 점에서 거래량이 가격에 미치는 영향력이 크다고 할
수 있습니다.

오픈시는 NFT 거래에서 가장 기본적인 플랫폼이지만 BTS 전략
을 쓰는 데 훨씬 유용하고 편리하게 활용할 수 있는 사이트도 있습
니다. NFT 시장이 점차 커짐에 따라 외부 툴도 우후죽순 생겨나고
있지만 이것저것 사용해 본 결과 BTS 전략에 가장 적합한 툴은 아
이시툴스와 '코니언*Coniun*'(https://coniun.io/)입니다.

아이시툴스는 민팅 투자법에서 소개한 사이트인데요, 사실 민팅 정보뿐 아니라 각종 트레이딩 데이터를 다양하게 제공하는 복합 툴로서 제가 가장 애용하는 사이트기도 합니다. 이 책에서 설명하는 다양한 투자 전략을 적용하는 데는 무료 이용만으로도 충분하니 굳이 유료 결제를 할 필요는 없습니다. 물론 트레이딩에 익숙해지고 더 세분화된 데이터로 정교하게 트레이딩하고 싶다는 열망이 생기면 프리미엄 서비스를 결제해 다양한 기능을 이용해 보는 것도 큰 도움이 될 것입니다.

아이시툴스의 컬렉션*Collections* 항목에 들어가면 실시간으로 높은 거래량을 기록하는 프로젝트를 확인할 수 있습니다. 기본 메커니즘은 오픈시와 동일하지만 UX와 UI가 훨씬 사용자 친화적이라는 장점이 있습니다. 오픈시에서는 24시간~1개월 단위로 순위를 제공하는 데 반해 아이시툴스에서는 1분~30일까지 다양한 타임 프레임으로 거래량 순위를 확인할 수 있기 때문에 훨씬 정교한 분석이 가능하다는 것도 또 다른 장점입니다.

어떤 타임 프레임을 볼지에 정답은 없지만 트레이딩을 진행하고자 하는 타임 프레임에 맞는 기준을 사용하면 좋습니다. 만약 '나는 너무 바빠, 그래서 빨리 사고 빨리 팔 거야. 트레이딩이 순식간에 일어났으면 좋겠어' 하고 생각한다면 15~30분 정도의 타임 프레

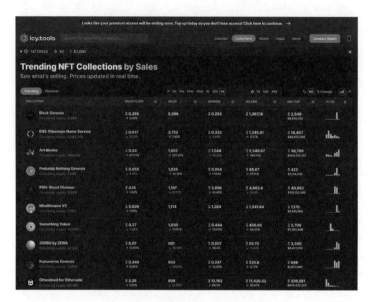

그림 61. 아이시툴스의 실시간 NFT 거래 데이터

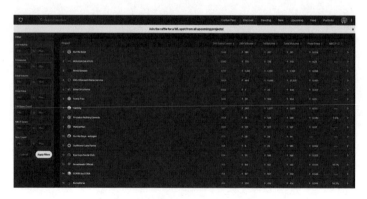

그림 62. 코니언의 실시간 NFT 거래 데이터

한 권으로 끝내는 NFT 투자 수업

임을 활용하면 됩니다. 반대로 '나는 2~3일 정도 간격으로 트레이딩하고 싶어' 하는 사람은 간편하게 하루 기준으로 확인하면 됩니다. 코니언도 오픈시, 아이시툴스와 동일하게 실시간 베스트셀러 데이터를 제공하며 기본적인 BTS 전략의 적용 방법은 동일하니 어떤 사이트를 이용할지는 본인의 취향에 맞게 선택하면 됩니다.

아이시툴스, 코니언이 웹페이지 기반 툴이라면 모바일로 간편하게 볼 수 있는 방법도 있습니다. NFT베이스^{NFTBase}는 모바일 애플리케이션으로 역시 실시간으로 활발하게 거래되는 프로젝트의 정보를 얻을 수 있습니다. 아무래도 컴퓨터 앞에 앉아 웹페이지를 확인하기 어려운 직장인에게는 NFT베이스 같은 앱으로 미리 프로젝트를 선정해 두고 퇴근 후 상세한 정보를 찾아보는 것도 효율적인 방법이 되겠죠. 여기까지 읽으면 이런 생각이 들 것입니다.

'그럼 매일 이 순위를 일일이 다 확인해야 하나?'

하루 동안 오픈시에 새롭게 리스팅되는 프로젝트 개수도 많은데 일일이 순위를 확인해야 한다니 시작하기도 전에 질리는 분도 있을 것입니다. 물론 NFT를 보는 안목이나 실력을 길러야 하는 초보 트레이더에게는 공부 차원에서 조금 귀찮더라도 프로젝트를 하나하나 탐색해 보길 추천하지만 좀 더 빠른 길을 원하는 분을 위해 팁을 하나 공유하자면 순위와 함께 바닥가를 확인하면 좋습니다. 민

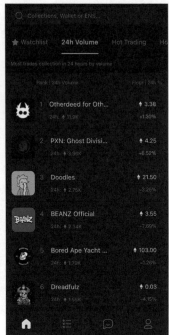

그림 63. NFT베이스 앱 인기 트레이딩 순위 　　그림 64. NFT베이스 앱 24시간 거래량 순위

팅 직후부터 리빌 전까지 1이더리움 이상으로 가격이 급상승하는 프로젝트의 비율은 매우 낮습니다. 최근 NFT 시장의 평균 민팅 가격이 0.1이더리움 아래라는 점을 감안할 때 이미 1이더리움 근방으로 바닥가가 형성된 프로젝트를 선택할 필요는 없습니다. 또 초보 트레이더에게 1이더리움 이상의 가격은 상당히 부담되기도 하니 무리하지 않는 것이 좋습니다.

한 권으로 끝내는 NFT 투자 수업

BTS 전략을 정리하면 이렇습니다.

1. 오픈시에서 최근 하루 동안 급격하게 거래가 증가한 프로젝트를 찾는다.

2. 바닥가와 리빌 여부를 확인한다.

3. 만약 바닥가가 민팅가 대비 과도하게 상승하지 않은 상태면서 리빌이 진행되지 않았다면 수요가 집중돼 가격 변동성이 높다고 판단하고 구매 여부를 결정한다.

황새 따라 하기 전략

마지막 리빌 투자 전략은 '황새 따라 하기' 전략입니다. 국내에도 숨은 NFT 트레이딩 고수가 많겠지만 특히나 이더리움 기반 NFT 시장에는 외국인 트레이더가 많이 포진하고 있습니다. 아무래도 이더리움 NFT 시장이 해외 트레이더 중심인 데다 대부분의 프로젝트를 외국인이 제작하고 있기 때문입니다. 물론 NFT 시장의 출발이 해외라는 이유도 있죠. 주식시장에서 소위 말하는 '세력' 혹은 '큰손'처럼 자본 규모가 크고 대규모 트레이딩을 진행하는 개인을 NFT

시장에서는 '고래^{Whale}'라고 부릅니다.

NFT 시장에서 고래의 움직임이 중요한 이유는 발행개수와 관련이 있습니다. NFT는 한 컬렉션의 발행개수가 정해져 있다는 사실은 이제 귀에 못이 박이도록 들었죠. 어떤 NFT를 사고자 하는 사람이 얼마나 많든 살 수 있는 개수는 제한돼 있습니다. 따라서 고래들이 막대한 투자금을 기반으로 특정 NFT를 수집하면 개인이 구매할 수 있는 물량은 턱없이 부족해지기 마련입니다.

만약 1만 개의 NFT가 발행되는 컬렉션의 바닥가가 0.01이더리움이라면 그리고 100이더리움의 투자금을 가진 10명의 트레이더가 자산의 1/10(10이더리움)만큼씩 NFT를 구매한다면 개인 트레이더는 단 1개의 NFT도 살 수 없겠죠? 물론 이렇게 극단적인 일이 벌어지지는 않겠지만 고래의 움직임은 그만큼 NFT 가격을 좌지우지하는 막대한 영향력을 지니기 때문에 중요합니다. 바닥가가 0.01이더리움이고 0.1이더리움의 가격대까지 20개의 NFT가 존재한다면 1명의 고래가 20개의 NFT를 모두 구매함으로써 해당 NFT의 바닥가는 단숨에 0.1이더리움으로 상승할 것입니다.

실제로 '레귤러즈^{Regulars}'라는 프로젝트의 경우 바닥가 0.33이더리움에서 0.4이더리움까지 단 40개의 물량만 리스팅돼 있기 때문에 바닥가를 0.4이더리움으로 올리는 데 필요한 자금은 13이더리움 수

그림 65. 레귤러즈 NFT 리스팅 현황

준입니다. 한화로 약 3000만~4000만 원 정도의 투자금만 있으면 바닥가를 단숨에 20퍼센트 가까이 상승시킬 수 있다는 뜻이죠. 이처럼 소수의 고래가 자본금으로 바닥가 근처에 형성된 물량을 모두 구매해 가격을 변화시키는 행동을 '바닥을 쓴다Sweeping'고도 합니다.

고래가 바닥을 쓸어 가격을 변동시키는 행동을 주식시장에 비유하면 '작전' 혹은 '주가조작' 정도로 볼 수 있습니다. 주식시장에서 소위 세력으로 불리는 사람들이 자본력을 이용해 인위적으로 주가를 상승시키거나 하락시키는 일은 매우 부정적이고 불법적인 행위입니다. 이를 다룬 영화도 많죠. 아무래도 누가, 어떤 목적으로, 얼마만큼의 주식을, 얼마의 가격으로 보유하고 있는지 등의 정보가 제한적이다 보니 이런 정보의 비대칭성 아래에서 개인 투자자는 피해를 볼 수밖에 없습니다.

하지만 NFT 시장은 다릅니다. 오히려 고래들의 행위를 철저하게 분석하고 이용해 우리에게 좋은 투자 지표로 활용할 수 있습니다. 고래가 나침반 같은 역할을 하는 것이죠(그들이 원하든 원하지 않든 말입니다).

고래의 트레이딩 내역을 파악할 수 있는 배경에는 바로 NFT만의 강력한 장점인 블록체인 기술이 있습니다. 앞서 말했듯 블록체인은 모두에게 평등하고 투명하게 정보가 제공되는, 일종의 공개된 회계 장부 역할을 합니다. NFT는 블록체인을 기반으로 제작되며 동시에 NFT 거래에 사용되는 디지털 지갑인 메타마스크나 주거래 화폐인 암호화폐도 모두 블록체인 기반이기 때문에 우리는 모든 타인의 거래 내역을 확인할 수 있습니다. 따라서 트레이딩할 NFT를 선정하거나 구매 혹은 판매 시점을 파악하는 과정에서 고래의 흔적을 찾아다닐 수 있는 것입니다.

고래의 지갑을 파악해라

NFT 트레이딩을 판단하기에 뭔가 불확실한 부분이 있다면 그리고 누군가의 도움을 받고 싶다면 고래의 지갑을 따라가는 것이 좋은 전략이 될 수 있습니다. 황새 따라 하기 전략은 몇몇 고래의 지갑을 실시간으로 추적하면서 어떤 고래가 어떤 NFT를 쓸어 담고 있는지, 그 고래가 해당 NFT를 아직 보유 중인지 혹은 모두 판매하고 떠났는지 등을 파악하고 그들과 유사한 입장을 취하는 것입니다. 물론 모든 트레이딩에는 본인만의 분석과 공부가 필요하지만 실력 있는 고래를 따라가는 것은 분명 효율적이고 효과적인 트레이딩 전략이 될 수 있습니다.

황새 따라 하기 전략을 차용하기 위해서는 먼저 누가 고래인지, NFT 시장에 어떤 고래들이 존재하는지 파악해야 합니다. 그리고 내가 추적하고 싶은 고래를 특정한 다음에는 그 고래가 사용하는 지갑의 주소를 찾아내야 합니다. NFT 붐이 일어나기 전인 2021년까지만 해도 고래나 그들의 지갑을 특정하는 일은 모두 수작업이었습니다. 트위터에서 유명한 NFT 트레이더의 계정을 찾아 끊임없이 트위터 바다를 헤매거나 BAYC 같은 유명 프로젝트의 NFT를 보유하고 있는 계정을 오픈시에서 직접 찾아야 했죠. 물론 그마저도 허탕을 치는 일이 비일비재했습니다(BAYC 홀더라고 모두 규모 있게 트레이딩하는 고래는 아니기 때문이죠).

하지만 시간이 많이 흘러 고래의 중요성이 트레이더에게 널리 알려진 지금은 더 편리한 방법으로 고래를 특정하고 추적할 수 있는 환경이 마련됐습니다.

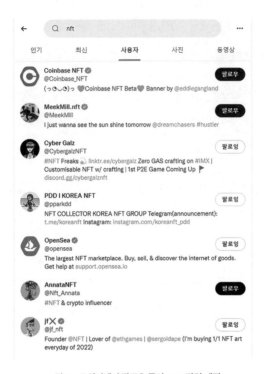

그림 66. 트위터에서 팔로우 중인 NFT 관련 계정

그림 67. 이더스캔으로 블루칩 NFT 홀더를 찾는 과정

그림 68. 아이시툴스에서 제공하는 프로젝트별 홀더 데이터

고래 쉽게 찾기: 아이시툴스 활용하기

이번에도 아이시툴스입니다. 아이시툴스는 기본적으로 무료 서비스임에도 무척 유용한 기능을 제공합니다.

소위 고래라고 불리기 위해서는 단순히 한 번에 많은 개수의 프로젝트를 구매한 내역뿐 아니라 막대한 자금력을 보유하고 있다는 증거도 필요합니다. 이를 잡기 위해 저는 상대적으로 바닥가가 높은 블루칩 NFT 홀더를 주로 찾아다닙니다.

차세대 블루칩 NFT로 부상하고 있는 '문버즈*Moonbirds*'를 예로 들어보겠습니다. 아이시툴스에서 문버즈를 검색하면 홀더*Holder* 탭을 발견할 수 있습니다. 이 탭에서는 현재 문버즈 NFT를 보유하고 있는

그림 69. 아이시툴스에서 제공하는 고래의 거래 데이터

홀더들을 보유 개수순으로 정렬해 볼 수 있는데요, 〈그림 68〉을 보면 2위인 '0x…aba2'라는 지갑 주소를 사용하는 트레이더는 70개 이상의 문버즈 NFT를 보유하고 있다고 나오네요.

지갑 주소인 0x…aba2를 클릭하면 〈그림 69〉와 같이 해당 지갑 주소를 사용하는 트레이더의 거래 내역과 NFT 투자 포트폴리오를 확인할 수 있습니다. 이 트레이더가 문버즈 외에 실제로 트레이딩을 진행하는 모든 NFT 거래 내역을 비롯해 각 NFT를 구매 혹은 판매한 가격도 함께 볼 수 있습니다. 내가 찾은 트레이더의 지갑이 실제로 활발하게 거래가 일어나는 지갑임이 증명됐고 앞으로 이

고래를 추적하고 싶다면 우측 상단의 추적 목록^{Watchlist}에 등록해 두면 됩니다. 이렇게 추적하고 싶은 고래의 데이터를 축적해 나가다 보면 어느 순간 시장에 막강한 영향력을 미치는 고래의 데이터를 내 손안에 두고 활용할 수 있습니다.

황새 따라 하기 전략에서 반드시 기억해야 하는 핵심은 고래의 움직임을 최대한 빠르게 파악하는 것입니다. NFT 구매를 위해 고래를 추적하는 경우 그 초점을 프로젝트가 아닌 고래에 둬야 합니다. 내가 관심 있게 보고 있는 프로젝트에 어떤 고래들이 들어 와 있고 그들이 어떤 움직임을 보였는지 파악하기보다는 이들이 어떤 NFT를 사들이고 있는지 확인하는 편이 훨씬 효과적입니다. 전자의 경우 내가 관심 있게 보는 프로젝트가 실제 고래에게 아무 관심을 받지 못하는 프로젝트일 확률이 항상 존재하기 때문에 헛물을 켤 가능성도 높습니다.

반대로 보유 중인 NFT 판매를 고민하는 시점에는 고래가 아닌 프로젝트에 초점을 둬야 합니다. 만약 내가 A라는 NFT를 보유하고 있다면 현재 A 프로젝트에 들어와 있는 고래들이 자신들이 보유한 A NFT를 판매했는지 아니면 여전히 보유하고 있는지 추적하는 것이 좋겠죠.

황새 따라 하기 전략의 약점은 고래라고 무조건 트레이딩으로 수

그림 70. 아이시툴스에서 확인 가능한 고래의 트레이딩 수익

익을 얻지는 않는다는 것입니다. 그들은 투자에 활용할 수 있는 여유 자금이 충분하고 이미 오랜 시간 NFT 트레이딩으로 투자수익을 누적해 왔기 때문에 우리와는 NFT 트레이딩에 임하는 마음가짐이 다를 수 있습니다. 약간 손실을 보더라도 과감하게 보유 중인 NFT를 정리할 수도 있고 손실인 상태로 몇 달이고 해당 NFT를 보유하고 있을 수도 있다는 것이죠. 따라서 초보 트레이더는 모든 판단과 분석을 마친 뒤 보조적인 참고 자료 정도로 황새 따라 하기 전략을 활용하는 것이 더 안전합니다.

1. Pranksy

닉네임: Pranksy.eth

지갑 주소: 0xd387a6e4e84a6c86bd90c158c6028a58cc8ac459

2. Princesatoshi

닉네임: Princesatoshi.eth

지갑 주소: 0x9255ef7868f48157105ca9aa18c131e0879b47e2

3. KeyboardMonkey

닉네임: keyboardmonkey3.eth

지갑 주소: 0xe1d29d0a39962a9a8d2a297ebe82e166f8b8ec18

4. SteveAoki

닉네임: 0x..77c4

지갑 주소: 0xe4bbcbff51e61d0d95fcc5016609ac8354b177c4

5. 9x9x9

닉네임: 9x9x9.eth

지갑 주소: 0x8c0d2b62f133db265ec8554282ee60eca0fd5a9e

6. ABCXYZ

닉네임: wearesoearly.eth

지갑 주소: 0x38a4d889a1979133fbc1d58f970f0953e3715c26

모든 전략을 유기적으로 활용하기

이 글을 읽고 난 뒤 '나도 돈을 벌어볼까?' 하면서 당장 이더리움을 충전하고 덜컥 NFT를 구매하는 분도 있을 것입니다. 어떤 투자든 100퍼센트 수익을 창출할 수 있는 기법이란 존재하지 않습니다. 꾸준한 연습과 공부 그리고 경험이 바탕이 된 상태에서 쉽고 효율적으로 투자할 수 있는 전략이 더해져야 높은 승률과 수익률을 보장받을 수 있는 것이죠.

이 챕터에서 소개한 SRT, BTS 그리고 황새 따라 하기 전략도 마찬가지입니다. 개별적으로 놓고 보면 상당히 매력적이고 유용한 전략이지만 그중 하나만 믿고 무작정 트레이딩을 시작한다면 분명 무시무시한 투자시장에 참패할 것입니다. 각 전략의 원리를 명확하게 이해하고 투자 판단을 내리는 과정에서 이들을 복합적으로 사용할 수 있도록 많은 연습이 필요합니다. 가령 제가 리빌 투자법을 활용하기까지의 의사결정 과정은 다음과 같습니다.

1. 아이시툴스 혹은 코니언에서 실시간 거래량 순위를 확인한다.

2. 거래가 활발하게 일어나는 신규 프로젝트를 선정한다(리빌 전 혹은 리빌 직후).

3. 해당 프로젝트 커뮤니티(트위터, 디스코드)에 가입한다.

4. 프로젝트에 대한 홀더, 비홀더들의 반응과 관심도를 파악한다.

5. 프로젝트 관련 이용자 반응과 실시간 거래량, 바닥가의 움직임을 파악한다.

6. 이용자들의 긍정적 반응이 주를 이루고 지속적으로 거래가 일어나며 바닥가가 상승하는 추세라면 구매를 진행한다.

7. 리빌 전이라면 리빌 일정을 확인한 후 리빌 직전에 모두 판매한다.

8. 리빌 직후라면 단기적으로 가격이 상승했을 때 모두 판매한다.

여기서 중요한 부분은 중간중간 정성적 판단을 일부 포함한다는 점입니다. 거래 발생 추이와 가격 움직임도 중요하지만 최종적으로 구매와 판매를 결정하는 것은 투자자입니다. 따라서 더 정확한 판단을 내리기 위해 해당 프로젝트와 관련한 커뮤니티상 센티멘트 *Sentiment*를 확인합니다. 수치 데이터를 적극적으로 활용하는 것이 우선이지만 여기에 정성적 데이터 분석과 판단을 가미한다면 훨씬 안정성 높은 트레이딩을 진행할 수 있을 것입니다.

BTS 전략 실전 적용 사례

BTS 전략으로 가볍게 트레이딩을 진행한 사례를 소개해 보겠습니다. 그 대상은 두어 다슬스 NFT입니다. 두어 다슬스는 앞에서 소개한 대로 오프라인 사업을 진행하는 브랜드에서 제작한 NFT로 파리 패션 위크와도 협업한 이력이 있을 만큼 기본기와 실력이 탄탄한 IP를 보유하고 있습니다.

2022년 3월 7일 두어 다슬스는 리빌 직후 거래량이 급증하면서 거래량 순위 상위에 등장했습니다(BTS 전략 적용). 저는 두어 다슬스 트위터 및 디스코드 커뮤니티에 가입한 후 프로젝트의 대략적인 정보와 이용자 반응도를 살피며 긍정적 반응이 충분하다는 것을 파악하고 꾸준히 발생하는 거래량을 재확인한 후 3월 7일 당일 0.166이더리움에 해당 NFT를 구매했습니다. 이후 지속적으로 거래가 일어나면서 가격은 계속 상승했습니다. 저는 3월 17일 0.8이더리움 부근에서 전량 판매하고 트레이딩을 마무리했습니다(약 390퍼센트 수익률 달성).

SRT 전략과 BTS 전략은 제가 가장 애용하는 매매 전략입니다. 여기에는 프로젝트에 대한 깊이 있는 분석이나 남다른 인사이트가 필요하지 않습니다. 프로젝트 분석은 내가 사고자 하는 NFT가 도

그림 71. 두어 다슬스 NFT 실제 거래 내역

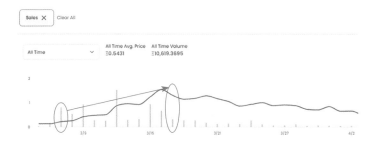

그림 72. 두어 다슬스 NFT 바닥가 추이

대체 뭔지 기본 내용만 알면 충분합니다. 그 NFT를 사고자 하는 수요자들의 심리와 강도 그리고 시장에서 폭발하는 단기적 유동성의 틈에서 빠르게 트레이딩하고 수익을 창출하는 것이 리빌 투자법의 핵심임을 꼭 기억하길 바랍니다.

로드맵
투자법

트레이딩 호흡
길게 가져가기

관심이 필요해

리빌 직후까지 폭발하던 유동성과 수요자-공급자 간 줄다리기는 언제 그랬느냐는 듯 금세 사라집니다. 가격이 천장을 뚫으며 블루칩 NFT로 직행하는 몇몇 프로젝트를 제외한 대부분의 프로젝트는 시간이 지남에 따라 거래가 급감합니다. 사고자 하는 사람은 줄어들고 공급자 간 판매 경쟁만 남게 되죠. 그리고 거래 감소는 가격 하락으로 이어집니다.

이런 현상을 일으키는 가장 중요한 요소는 바로 관심입니다. 거래 빈도와 수요자가 줄어든다는 것은 결국 투자자들의 시야에서 멀어진다는 것이죠. 하나의 프로젝트가 민팅과 리빌을 거쳐 시장의 폭발적 관심을 끈 이후에는 이를 지속할 유인이 사라집니다. 민팅과 리빌은 그 자체만으로도 NFT 투자자에게 상당히 중요한 이벤트이므로 자연스럽게 이목을 집중하지만 두 이벤트가 모두 끝나면 더는 투자 관점에서 흥미를 가질 만한 이유가 없어집니다. 왜냐하면 NFT 시장에는 또 다른 수없이 많은 신규 NFT 프로젝트의 민팅이 줄지어 기다리고 있고 또 다른 관심 있는 프로젝트의 리빌이 예정돼 있기 때문입니다. NFT를 제작하고 운영하는 파운더 입장에서 자신이 제작한 NFT가 지속적으로 투자자들의 관심을 받고 그로 인해 가격적 이점을 유지하면서 좋은 NFT로 가치를 인정받게 하려면 어떻게 해야 할까요?

NFT의 사업계획서, 로드맵

NFT 시장 구조상 민팅과 리빌은 자연스럽게 투자자들의 관심을 끕니다. 새로운 프로젝트가 시장에 첫선을 보인다는 기대감, 이 프로젝트에 얼마나 많은 사람들이 관심을 갖고 긍정적으로 바라볼까 하는 군중심리 등 여러 요소가 복합적으로 작용하면서 막대한 유동성이 보장되고 급격한 변동성이 나타납니다. 투자자의 심리와 행동이 핵심 요인이 돼 가격 변화를 이끄는 것이죠.

하지만 리빌이 끝나고 투자자의 관심이 떠나간 이후에는 NFT 프로젝트를 운영하는 팀의 역할이 매우 중요해집니다. 민팅과 리빌이 조금이라도 더 높은 수익을 창출하고자 전쟁을 치르는 투자자들의 영역이었다면 그 이후부터는 1명의 투자자라도 더 내 프로젝트에 관심을 갖도록 만들기 위해 치열하게 발품을 팔아야 하는 공급자들의 영역인 셈입니다. 사람들의 관심을 끌어오기 위해서는 NFT 제작자로서, 운영자로서 혹은 마케터로서 이벤트와 이슈를 만들고 이를 효과적으로 홍보하기 위한 전략을 수립해야 합니다. 이런 일련의 과정이 담긴 결과물이 바로 로드맵입니다.

NFT 시장에서는 NFT가 시장에 발매되기 전부터 프로젝트 공급자가 자신의 계획을 투자자에게 공개합니다. 주식시장의 IPO와 비슷한 개념이라고도 볼 수 있습니다. 투자자 입장에서 아무것도 없는 신규 NFT에 자신의 피 같은 돈을 들여 민팅에 참여할 수는 없는 노릇입니다. 쉽게 말해 '대체 내가 뭘 믿고 이걸 사야 하지?' 하는 생각이 드는 것이죠. 오프라인 현실처럼 직접 보고 만지면서 경험할 수 있는, 즉 물성이 있는 것도 아닌 디지털 콘텐츠면서 심지어 아직 발매도 되지 않았다면? 사실 투자자로서는 구매할 이유가 전

그림 73. 라그나로크 메타 NFT 4월 로드맵

혀 없죠. 구매는 둘째치고 관심을 가질 이유조차 없을 것입니다. 이런 문제를 해결하기 위해 NFT 운영 팀이 자신의 사업계획서인 로드맵을 투자자에게 공개하는 것입니다.

　로드맵에는 민팅을 진행한 이후 어떻게 프로젝트를 만들어 나갈 것이고 언제 어떤 구성 요소들을 추가할 것인지 등이 제시돼 있습니다. NFT는 훼손 불가능한 희소성과 고유성, 블록체인 기술을 활용한 자격 증명과 소유 증명 등 그 성격 자체만으로도 수집 가치가 있지만 메타버스, 게임, 토크노믹스 등 다양한 블록체인 관련 생태계에 반드시 필요한 소재가 된다는 점에서 활용 범위와 발전 가능성이 무궁무진합니다. 따라서 NFT 프로젝트의 로드맵을 보다 보면 대부분 게임 개발이나 메타버스 플랫폼 구축 혹은 토크노믹스 생태계 확보 등의 목표가 포함돼 있음을 알 수 있습니다.

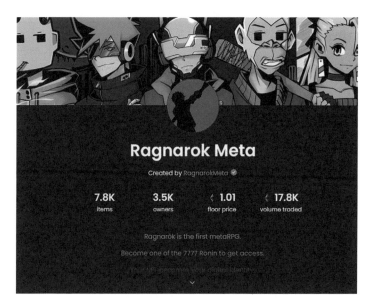

그림 74. 라그나로크 메타의 오픈시 프로필

〈그림 73〉은 '라그나로크 메타^{Ragnarok Meta}'라는 NFT 프로젝트의 로드맵입니다. 2022년 4월 7777개의 '로닌 제로^{Ronin Zero}'라는 NFT를 발매한다고 돼 있는데요, 실제로 이 NFT는 로드맵상 일정대로 발매돼 현재 투자자 사이에서 활발히 거래되고 있습니다.

또 4월로 제시돼 있는 'NFT 민팅'에 관해 읽어보면 라그나로크 메타 NFT는 아바타 형태를 한 PFP NFT며 앞으로 개발될 라그나로크라는 게임에서 게임 캐릭터로 사용이 가능하다고 돼 있네요. 즉, NFT가 그 자체로 수집품이기도 하지만 미래에 개발될 게임을

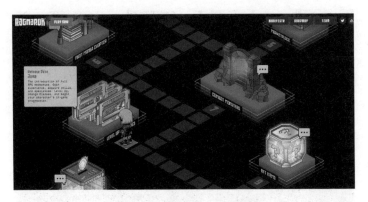

그림 75. 라그나로크 메타 NFT 6월 로드맵

즐기는 데 반드시 필요한 핵심 콘텐츠가 될 예정이라는 뜻입니다. 이처럼 개발자는 로드맵을 통해 투자자에게 자신이 제작한 NFT가 단순한 그림 1장에서 끝나지 않고 앞으로 만들어질 무수히 많은 콘텐츠에서 핵심 역할을 하게 될 테니 지속적인 관심을 가져달라고 이야기합니다.

〈그림 75〉를 보면 2022년 6월에는 RPG 게임의 모든 형태를 갖춘 콘텐츠를 개발할 예정이라고 하는데요, 이 책을 읽고 있는 여러분도 과연 이 NFT의 로드맵이 어느 정도까지 구현됐는지, 제시한 로드맵대로 계획이 진행되고 있는지 직접 확인해 보는 것도 좋겠네요.

로드맵, 이상과 현실

NFT 시장 초창기 로드맵은 NFT 제작자가 의도한 대로 투자자에게 받아들여졌습니다. 즉, 사업계획서 역할을 톡톡히 해냈다는 뜻입니다. 실제로 대부분의 NFT 투자자는 어떤 NFT 민팅에 참여할지 고민할 때 로드맵을 중요하게 탐색했습니다. 내가 민팅에 참여하려는 NFT의 비전과 목표가 무엇인지, 그 목표가 얼마나 멋지고 대단한지 보면서 NFT의 가치를 예상했죠. NFT 프로젝트별 디스코드 커뮤니티에 들어가 보면 제작자가 제시한 로드맵이 얼마나 좋고 나쁜지를 두고 투자자 사이에서 논쟁도 자주 일어났습니다.

하지만 시간이 지남에 따라 로드맵은 점차 사업계획서의 가치를 잃어가기 시작했습니다. 엄밀히 말하면 투자자들이 이를 예전만큼 중요하게 여기지 않게 됐죠. 이유는 간단합니다. 타임라인이 너무 길기 때문입니다. NFT를 제작하고 그 NFT로 게임을 만들고 게임 콘텐츠를 확장하고 이를 기반으로 메타버스 플랫폼을 만드는 것까지 다 좋지만 문제는 제작자가 제시하는 로드맵이 모두 구현되는데 짧게는 반년, 길게는 2년 가까이 걸린다는 사실입니다.

반면 민팅과 리빌은 어떤가요. 매일매일 민팅을 진행하는 신규 NFT 프로젝트가 있고 리빌 일정도 켜켜이 쌓여 있습니다. 날마다

이 집 저 집에서 유동성 파티라고 할 수 있는 잔치가 열리는데 굳이 반년에서 2년 가까이 소요되는 로드맵에 시간과 투자금을 소비할 이점이 없는 것이죠. 또 민팅과 리빌 이벤트 때 결정된 NFT 가격에 로드맵이 미치는 영향이 적다는 사실을 경험적으로 알아가면서 더는 로드맵을 예전만큼 중요한 투자 지표로 사용하지 않는 것이 현실입니다. 솔직히 말해 이들이 정말 로드맵대로 프로젝트를 운영해 나갈지 어떨지 모르는 일 아닌가요?

로드맵, 다르게 써보자

이렇듯 대부분의 초보 트레이더는 로드맵의 중요성을 점차 잊어가고 있으며 본인의 트레이딩 성과에 미치는 영향이 적다고 생각합니다. 하지만 로드맵을 이전과 전혀 다른 방식으로 활용하면 편리하고 좋은 투자 지표가 될 수 있습니다.

2021년 NFT 붐이 일어나기 시작하고 시장이 본격적으로 팽창하면서 많은 NFT 프로젝트가 쏟아져 나왔습니다. 어떤 프로젝트는 초반부터 흥행에 성공해 안정적으로 바닥가를 유지하고 꾸준히 팬층을 확보하고 있는 반면 어떤 프로젝트는 바람과 같이 사라졌죠. 여기서 중요한 것은 '시기'입니다. 2021년 초~중반 사이 민팅한 수없이 많은 프로젝트는 이제 하나둘 로드맵을 구현해 나가는 시기가 됐습니다. 그때 당시는 너무 먼 미래의 이야기라 투자자의 관심을 받지 못했다면 이제는 그것이 실현되고 이를 투자자에게 검증받을 때가 된 것입니다.

NFT 제작자는 자신이 제시한 로드맵상 주요 이벤트가 다가오면 투자자를 대상으로 공격적인 홍보를 시작합니다. 공식 커뮤니티와 트위터 같은 SNS를 통해 이벤트(게임 개발, 신규 NFT 발매 등 NFT 관련 중요 이슈)를 알리고 이를 본 투자자는 해당 NFT에 관심을 가집니다. NFT 제작자 입장에서 로드맵 구현이 NFT를 유지하고 지속적으로 팬층을 확보하기 위한 운영 전략이라면 우리 같은 트레이더에게는 다시 한 번 가격 변동성이 생길 수 있는 트레이딩 기회인 셈입니다.

아즈키 NFT 공식 홈페이지에 게시된 로드맵을 보면 공식 파트너십 계획이 적혀 있습니다. 이미 파트너사가 선정됐고 공식 발표를 앞두고 있다고 돼 있죠. 즉, 로드맵상 아즈키 NFT가 앞으로 할 일 중 하나는 파트너사를 발표하는 일입니다. 만약 파트너가 될 브랜드가 누구나 이름만 들어도 아는 그런 회사라면 어떨까요? 당연히 아즈키 NFT는 다시 한 번 투자자의 폭발적 관심을 받을 것입니다.

그림 76. 아즈키 NFT 로드맵 중 일부

하지만 이름조차 들어본 적 없는 브랜드와의 파트너십이라면 그 반대가 되겠죠.

로드맵 투자법의 장단점

로드맵 투자는 성실함과 인내심을 요하는 투자 방식입니다. 직접 관심 있는 프로젝트의 디스코드 커뮤니티나 홈페이지에 방문해 로드맵을 찾아보면 알겠지만 로드맵에는 굵직굵직한 계획이 4월, 6월 이런 식의 대략적인 월별 일정으로 적혀 있습니다. 그리고 가끔 로드맵에는 없었던 이벤트가 비정기적으로 터지기도 합니다. 따라서 로드맵 투자법을 효과적으로 활용하기 위해서는 공개된 일정을 파악하고 있음과 동시에 꾸준히 해당 프로젝트의 공식 SNS나 커뮤니티를 방문해 이벤트 발표 여부를 확인해야 합니다. 또 여러 외부 채널을 통해 남들보다 빠르게 정보를 입수할 수 있는 수완도 갖추면 좋습니다. 로드맵 투자법으로 넘어오는 순간부터는 사실상 정보 싸움이라고 봐도 무방하기 때문이죠. 누구보다 빠르게 이벤트와 일정을 파악해야 투자에 유리한 위치를 차지할 수 있으니까요.

물론 공수工數가 많이 들고 트레이딩 호흡이 긴 대신 강력한 장점도 있습니다. 바로 트레이딩이 쉽다는 것입니다. 일정을 알고 있으니 그에 맞게 트레이딩하면 됩니다. 예를 들어 공식 파트너십 일정을 보고 트레이딩한다면 발표가 나기 전 구입하고 발표가 난 후 판매하면 됩니다. 게임 개발 일정을 보고 트레이딩한다면 게임이 개발된 후 직접 게임을 해보고 마음에 들면 더 보유해도 좋고 그렇지 않다면 판매할 수도 있겠죠.

또 로드맵 투자법은 유동성이 적은 대신 안정적이라는 장점도 있습니다. 가격 변동성이 급하고 빠르게 나타나지 않기 때문에 편안하게 트레이딩할 수 있습니다. 주식거래로 친다면 일종의 스윙투자 혹은 중단기 투자법과 비교할 수 있겠네요.

우리가 투자에 로드맵을 본격적으로 활용하기 위해서는 로드맵과 관련된 내용 중 투자자에게 중요하게 받아들여지는 것을 분별할 수 있는 능력이 필요합니다. 일단 대표적으로 시장의 관심을 강하

게 받는 중요 이벤트 두 가지, 즉 파트너십과 컬래버레이션, 파생 프

로젝트만 이해해도 충분합니다.

Tip 로드맵 관련 중요 이벤트

1. 파트너십과 컬래버레이션
2. 파생 프로젝트 출시(에어드롭^{Airdrop}, 민팅권)

로드맵
투자 전략

파트너십과 컬래버레이션을 찾아라

파트너십과 컬래버레이션은 NFT 대표 이벤트 중 하나입니다. 개인 혹은 팀으로 구성된 NFT 프로젝트의 가장 큰 약점은 바로 펀더멘털입니다. 돌체&가바나나 아디다스 같은 대기업은 이미 오프라인에서 오랜 세월 진행해 온 사업, 구축해 놓은 인프라 등 브랜드파워가 있기 때문에 이들이 NFT를 제작한다는 사실만으로도 투자자의 관심을 받습니다. 하지만 개인 혹은 소규모 팀이 제작하는 대부분의 NFT는 과연 이들이 NFT 프로젝트를 성공적으로 유지해나갈 기반이 있는지, 얼마나 좋은 프로젝트를 만들어 나갈지 확신

그림 77. 거터 캣 갱의 오픈시 프로필

하기가 어렵습니다. 따라서 유명 브랜드나 블루칩 NFT 프로젝트와의 컬래버레이션 또는 파트너십은 그 자체만으로 NFT 제작자의 역량과 프로젝트의 성장 가능성을 인정받는 계기가 됩니다.

따라서 로드맵의 대략적인 파트너십과 컬래버레이션 일정을 파악해 둔 뒤 그 날짜가 가까워지면 수시로 공식 채널을 탐색하는 것이 좋습니다. 실제로 SNS나 커뮤니티를 열심히 탐독하다 보면 파트너십 관련 정보를 획득할 좋은 기회가 생깁니다. 이는 다른 투자자보다 우월한 위치에서 트레이딩할 환경을 만들어 줍니다.

TrevPowers.eth⁹⁹ 🔍
@Trevpowers

Just got out of a meeting w/ our new business partners, and all I can say is we're cooking up something DOPE for The Gang.

S ▮ ▮ ▮ ▮ ▮

트윗 번역하기

오전 7:55 · 2022년 3월 17일 · Twitter for iPhone

그림 78. 거터 캣 갱 팀 멤버의 포스팅

'거터 캣 갱*Gutter Cat Gang*' NFT는 높은 바닥가와 누적거래량을 보이며 블루칩 NFT 중 하나로 평가받는 프로젝트인데요, 바로 이 NFT가 컬래버레이션 관련 이슈로 단기적 변동성을 보인 적이 있습니다. 〈그림 78〉처럼 2022년 3월 17일경 거터 캣 갱 NFT 팀 멤버가 개인 SNS 계정을 통해 컬래버레이션 관련 포스팅을 올립니다. 이를 두고 많은 투자자가 어떤 브랜드와 컬래버레이션을 진행하는지에 관한 추측을 내놓았죠.

얼마 뒤 트레이더들이 해당 포스팅이 게시되기 약 3일 전 한 스트리트웨어 뉴스 미디어 SNS 계정에 〈그림 79〉와 같은 이미지가 포스팅됐었다는 사실을 밝혀냈습니다. 거터 캣 갱 NFT 이미지에 해외 유명 스트리트 패션 브랜드인 슈프림의 모자가 합성돼 있었죠. 그러자 많은 트레이더의 이목이 집중됐습니다. 슈프림은 세계적

그림 79. 거터 캣 갱 암시 트윗

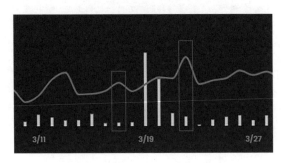

그림 80. 거터 캣 갱 NFT 바닥가와 거래량 추이

으로 유명한 브랜드기 때문에 거터 컷 갱이 이들과 컬래버레이션을 한다는 사실만으로도 트레이더에게 상당한 관심거리가 된 것입니다.

〈그림 80〉에서 확인할 수 있듯이 실제로 해당 포스팅이 올라온 3월 17일 이후 거터 캣 갱 NFT 거래량이 급증하고 가격 변동성도 나타났습니다. 3월 17일 기준 약 8이더리움 정도의 바닥가가 해당 이슈가 공공연하게 알려진 3월 19일을 기점으로 단기간에 약 14이더리움까지 급등한 것입니다.

물론 거터 캣 갱 NFT와 슈프림의 컬래버레이션은 아직 공식화되지 않았고 그저 소문에 불과한 상태지만 이 사례는 컬래버레이션이 얼마나 중요한 투자 이벤트로 활용될 수 있는지 보여줍니다. 거터 캣 갱 NFT뿐 아니라 많은 NFT 프로젝트가 지금도 지속적으로 파트너십 브랜드를 찾아 나서고 있습니다. 탄탄한 IP 기반이 없는 NFT일수록 자신들의 약점을 보완하고 펀더멘탈을 강화하는 데 유명 브랜드와의 컬래버레이션은 매우 효과적입니다. 따라서 이런 이슈를 추적하고 대략적으로나마 미리 일정을 파악해 집중적으로 정보를 탐색한다면 트레이딩의 좋은 기회로 삼을 수 있습니다.

파생 프로젝트 일정을 찾아라

이미 어느 정도 탄탄한 팬층을 확보하고 바닥가가 꾸준히 유지되는 NFT 프로젝트의 경우 종종 파생 프로젝트를 출시합니다. 파생 프로젝트는 자신들이 처음으로 제작한 NFT 콘셉트와 아트워크를 차용해 개발하는 두 번째 공식 NFT 프로젝트입니다. 새로운 NFT를 출시, 판매해 프로젝트 운영자금을 조달하려는 목적도 있지만 대부분은 자신들이 그리고 있는 방대한 NFT 세계관에 필요한 NFT를 출시하는 것이라고 볼 수 있습니다. 파생 프로젝트 출시는 첫 프로젝트가 성공적으로 진행되고 있다는 사실을 뜻하기 때문에 트레이더에게는 상당히 좋은 투자 지표로 받아들여집니다.

또 하나 중요한 지점은 파생 프로젝트가 출시될 때 이전 프로젝트 NFT를 보유하고 있는 홀더에게 에어드롭(NFT 무상 제공) 혹은 프리세일에 참여할 수 있는 민팅권을 제공한다는 것입니다. NFT가 투자가치와 팬층을 유지할 수 있는 기반 중 하나는 바로 다양한 홀더 혜택입니다. 특정 NFT를 보유한 홀더가 배타적 혜택을 받을 수 없다면 그 NFT를 보유할 이유가 없죠. NFT를 보유하지 못한 비홀더도 마찬가지입니다. NFT를 보유함으로써 얻을 수 있는 혜택이 없는데 굳이 NFT를 트레이딩할 이유가 없겠죠. 따라서 대부분의

NFT 제작자는 파생 프로젝트를 출시할 때 이전 프로젝트 홀더에게 무상으로 파생 NFT를 제공하거나 자동적으로 화이트리스트를 받을 수 있는 혜택을 줍니다.

파생 프로젝트 출시와 홀더에게 배당되는 혜택은 많은 트레이더의 관심을 불러일으킵니다. 해당 NFT를 보유하지 않은 투자자도 파생 프로젝트의 에어드롭을 받기 위해 단기적으로 NFT를 구매하려는 움직임을 보이죠. 반대로 이미 NFT를 보유한 홀더는 자신의 권리와 혜택의 가치를 보존하고 높이기 위해 리스팅을 철회하거나 가격을 높여 리스팅합니다. 공급량 감소와 수요량 증가라는 경제학의 가장 기본적이면서도 본질적인 이 현상은 자연스럽게 가격 변화를 유발합니다.

'디 아트 오브 시즌스^{The Art of Seasons, TAOS}' NFT는 렌가^{Renga}라는 닉네임을 사용하는 아티스트가 제작한 NFT입니다. 발매 당시에는 큰 관심을 받지 못하고 민팅가 근처에 바닥가가 형성돼 있었습니다. 하지만 민팅 이후 아티스트 SNS 계정에 포스팅 하나가 올라옵니다. 알 수 없는 다양한 힌트가 담긴 영상이었는데요, 이는 많은 트레이더의 관심과 궁금증을 자아냈습니다. 트레이더들은 영상의 의미를 파악하기 위해 발 빠르게 정보 수집에 들어갔고 얼마 지나지 않아 TAOS NFT를 보유한 홀더에게 파생 NFT 민팅에 참여할 수 있는

그림 81. TAOS의 오픈시 프로필

그림 82. TAOS 후속 프로젝트 티저 트윗

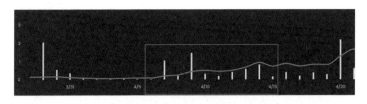

그림 83. 파생 프로젝트 공개 이후 TAOS 바닥가와 거래량 추이

배타적 권리를 주겠다는 홀더 혜택이 발표됩니다. 다시 말해 영상은 파생 NFT 출시의 예고편이었던 것이죠. 파생 NFT가 출시될 예정이라는 점과 TAOS 홀더는 파생 프로젝트 민팅에 참여할 수 있는 권리를 얻게 된다는 점은 많은 수요량을 발생시켰습니다.

실제로 2022년 3월 29일 민팅 이후 줄어들었던 거래량과 지지 부진하던 바닥가는 4월 6일 영상이 공개된 이후 급격한 변화를 보이기 시작합니다. 먼저 어떤 이벤트가 벌어질지 모른다는 기대감에 거래량이 급증하기 시작했으며 파생 NFT 관련 홀더 혜택이 공식화된 이후 가격도 더 상승했습니다. 4월 6일 기준 0.08이더리움 부근이었던 바닥가는 4월 21일 기준 1.7이더리움 부근까지 급상승했습니다. 약 2000퍼센트의 가격 상승률을 보인 것이죠.

또 다른 사례로 WoW와 WoWG가 있습니다. WoW NFT는 작년 하반기에 출시돼 꾸준히 사랑받고 있는 블루칩 프로젝트 중 하나입니다. 하지만 이미 바닥가가 2이더리움 근방으로 높은 상태다

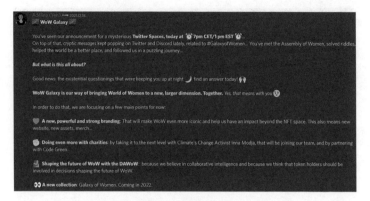

그림 84. WoWG 프로젝트 공개

그림 85. WoWG 출시일 공개

보니 초보 트레이더가 트레이딩하기에는 접근성이 낮았습니다. 그러던 2021년 12월 말 WoW 공식 디스코드 커뮤니티를 통해 파생 프로젝트 WoWG가 2022년 출시될 예정이라는 발표가 나왔습니다. 기존 WoW NFT 홀더는 무상으로 WoWG NFT를 받을 수 있다는 내용도 포함돼 있었죠.

그림 86. WoWG 첫 공개 이후 가격 추이

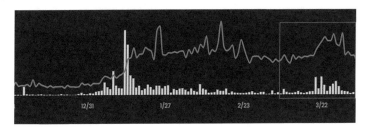

그림 87. WoWG 출시 예정일 공개 후 가격 추이

 이어 2022년 3월 11일 공식 웹페이지에서 WoWG 출시가 1~2주 안에 진행된다고 발표됐습니다. 일련의 과정에서 WoW NFT의 가격은 어떻게 변했을까요?

 먼저 〈그림 86〉을 보면 WoWG에 대한 첫 발표가 진행된 12월 18일 이후 가격 변동은 크지 않습니다. 여기서 시기가 중요함을 다시 한 번 확인할 수 있습니다. 2022년 출시 예정이라고만 밝혔을 뿐 2022년 상반기일지 하반기일지 알 수 없는 상황에서 한정된 투자금과 시간을 미리 투자할 트레이더는 없습니다. 1월 중순부터 발

그림 88~90. WoW NFT 가격 현황(왼쪽부터 3월 11일, 3월 29일, 4월 3일)

생한 급격한 가격 상승은 WoWG 출시가 아닌 다른 이유에서 비롯됐을 가능성이 큽니다.

반면 3월 11일 1~2주 뒤 파생 프로젝트가 출시된다는 사실이 공표된 이후에는 그 직후 거래량이 늘어나기 시작하면서 바닥가도 함께 상승합니다. 눈여겨볼 지점은 3월 29일 WoWG 민팅이 모두 진행된 후 가격이 다시 하락했다는 사실입니다. 실제 3월 11일 기준 WoW 바닥가는 약 7.7이더리움 수준에서 WoWG 민팅이 마무리된 3월 29일까지 약 2배 이상 상승했으며 그 이후 다시 하락해 WoWG 출시 발표 이전 수준으로 돌아갔습니다.

앞서 로드맵 투자법은 일정이 확실해 편하게 매매할 수 있는 장점이 있다고 했는데요, WoWG라는 파생 프로젝트가 출시된다는 점, WoW 홀더는 무상으로 WoWG NFT를 얻을 수 있는 혜택이 있다는 점 그리고 WoWG NFT 민팅이 3월 29일 마감된다는 점을 미리 파악하고 이 시기에 시장의 관심이 집중된다는 것을 활용해 단기적으로 트레이딩을 진행했다면 훨씬 마음 편하게 수익을 창출할 수 있었겠죠?

로드맵에 없는 정보를 찾아라

컬래버레이션이나 파트너십, 파생 프로젝트 등의 일정을 확인하고 정보를 획득해 일정에 따라 트레이딩하는 일은 얼핏 생각해 보면 참 간단하지만 막상 실행하려고 하면 많은 난관에 부딪히게 됩니다. 가장 큰 이유는 로드맵의 정보가 부족하다는 것입니다. 로드맵에는 앞으로 이 NFT 프로젝트에 어떤 일정과 계획이 있는지에 관한 대략적인 정보는 제공돼 있지만 트레이딩에 가장 핵심이 되는 '언제', '누구'와 '무엇'을 할 것인지에 대한 정보는 정작 빠져 있기 때문입니다.

따라서 우리는 로드맵에서 각 프로젝트가 컬래버레이션이나 파트너십을 중점적으로 해나갈지, 아니면 파생 프로젝트라는 큰 이벤트 계획이 있는지, 대략적인 시기는 언제인지 정도를 간단하게 확인하고 나머지 시간은 더 구체적인 정보를 찾는 데 할애해야 합니다. 하지만 이런 정보를 찾기란 여간 힘든 일이 아닙니다. 물론 다른 트레이더도 상황은 똑같습니다. 그럼 도대체 정보를 얻기 위해서는 어떻게 해야 할까요?

정답은 이번에도 커뮤니티 활동입니다. 누구보다 커뮤니티 활동을 많이 해야 하고 누구보다 많은 시간을 할애해 정보를 탐색해야 합니다. 여기서 말하는 커뮤니티 활동이란 열심히 채팅을 하고 열심히 팬아트를 그려야 한다는 말이 아닙니다. 어떤 커뮤니티에서 어떤 정보가 공유되고 있는지 확인해야 한다는 뜻입니다. 민팅과 리빌이 마무리되고 로드맵 구현 단계에 접어들면 트레이딩의 성공과 실패 여부는 정보력에 따라 나뉩니다.

저는 슈프림과 거터 캣 갱 NFT의 컬래버레이션 관련 정보나 TAOS NFT 파생 프로젝트 출시 정보를 남들보다 좀 더 빠르게 얻어 만족할 만한 트레이딩 수익을 올릴 수 있었습니다. 이것이 가능했던 이유는 정보 창구를 많이 마련해 뒀기 때문입니다.

NFT 시장에 돌아다니는 대부분의 정보는 디스코드와 트위터에서 얻을 수 있습니다. 저는 주로 디스코드 커뮤니티를 이용하는 편인데요, 남들보다 정확하고 빠르게 정보를 얻기 위해 약 7개 정도의 디스코드 커뮤니티에 가입했습니다. 물론 이 디스코드 커뮤니티는 모두 특정 NFT의 공식 커뮤니티입니다. 즉, 해당 커뮤니티에서 정보를 획득하기 위해서는 특정 NFT를 구매해야만 한다는 뜻입니다. 여기서 한 가지 독자의 양해를 구하고 싶은 부분은 이 책을 통해 제가 가진 모든 트레이딩 노하우를 전수하고 있지만 제가 어떤 NFT를 보유하고 있는지는 알려드릴 수 없다는 것입니다. 제가 아무리 좋은 의도로 "여러분, 이 NFT를 구매하고 커뮤니티에 들어가면 정말 좋은 정보가 많아요"라고 설명해도 NFT를 구매해야 한다는 사실 때문에 특정 NFT 투자 권유 등과 같이 불미스러운 문제가 생길 수 있습니다.

다만 공유하고 싶은 팁은 어떤 NFT를 구매하든 반드시 디스코드 커뮤니티에 가입해 보라는 것입니다. 정보의 차이는 NFT 가격에서 비롯되지 않습니다. 저도 0.05이더리움 정도의 NFT부터 제법 비싼 NFT까지 골고루 보유하고 있지만 절대 비싸고 인기 있는 NFT 커뮤니티라고 해서 더 좋고 희귀한 정보가 공유되지는 않습니다. 실제로 제가 즐겨 정보를 얻는 커뮤니티의 NFT는 이 책을 쓰는 2022년 5월 현재 오픈시에서 약 0.04이더리움에 거래되고 있습니다.

결국 어떤 커뮤니티에서 얼마나 양질의 정보가 공유되는지는 직접 눈으로 확인해 볼 수밖에 없습니다. 따라서 민팅 투자법이나 리빌 투자법 혹은 로드맵 투자법 중 어떤 투자 전략을 사용하든 일단 NFT를 하나 구매했다면 반드시 디스코드 커뮤니티에 가입해 홀더만 이용할 수 있는 채널을 탐색해 봐야 합니다. 그곳에서 어떤 정보가 교류되는지 보고 만약 좋은 정보가 오가는 커뮤니티가 있다면 그 커뮤니티에서 얻은 정보를 앞으로의 트레이딩에 이용하면 됩니다.

트위터를 활용하는 것도 좋은 방법입니다. 한국 사람들은 트위터에 친숙하지 않지만 해외 유명 트레이더들은 대부분 트위터를 즐겨 이용합니다. 즉, 트위터를 통한 정보 탐색에 익숙해질수록 적어도 한국에 있는 다른 NFT 투자자보다는 정보력에서 우위에 설 수 있습니다. 트위터에서는 특정 NFT와 관련된 다양한 정보뿐 아니라 실력 있고 유명한 트레이더의 시장 전체를 바라보는 인사이트도 얻을 수 있다는 장점이 있으니 로드맵 투자법을 활용한 트레이딩이 아니더라도 꼭 트위터에 익숙해지길 권합니다.

지금 제가 제 트위터 계정에 접속하면 피드를 내리기만 해도 수없이 많은 NFT 관련 정보를 볼 수 있고 또 다각도로 인사이트를 얻을 수 있지만 NFT 투자를 위해 이제 막 트위터를 시작한 사람이라면 피드에 아무 정보도 뜨지 않을 것입니다. 여러분의 트위터 피드를 가만히 있어도 좋은 정보가 쏟아지는 공간으로 만들려면 가장 먼저 영향력 있고 실력 있는 NFT 트레이더를 팔로우하는 작업이 필요합니다. 그들을 팔로우하고 트윗을 보다 보면 반드시 정보력이 강한 다른 사람을 찾을 수 있습니다. 이런 식으로 마치 거미줄을 치듯 피드를 정보의 바다로 만들어 나가는 것입니다.

로드맵 투자법은 다른 말로 표현하면 정보력 투자법입니다. 민팅과 리빌이라는 단기적이면서도 파급력이 큰 이벤트가 모두 지나가고 사람들의 관심이 잠시 멀어졌을 때가 그 NFT의 가격적 이점을 누리기 용이한 시점입니다. 가격이 급격하게 오르지도 않고 급격하게 떨어지지도 않기 때문이죠. 따라서 이때는 NFT를 시간의 여유를 두고 구매하기에도 좋고 정해진 일정이 다가올 때까지 마음 편하게 보유하기에도 좋습니다. 이 타이밍을 적절하게 활용하기 위해서는 누구보다 정보력에서 앞서야 합니다.

정보력에서 앞선다는 것은 남들은 절대 알지 못하는 내부자 정보를 알아내야만 한다는 뜻이 아닙니다. 그저 남들보다 하루라도 빨리 정보를 파악하고 정보의 크기와 영향력을 판별할 수 있는 안목만 있으면 충분합니다.

NFT 시장은 어떻게 보면 이제 시작 단계라고 할 수 있어서 우리가 필요한 정보를 한데 모아 편리하게 제공해 주는 플랫폼이 아직은 존재하지 않습니다. NFT가 커뮤니티를 기반으로 형성되고 운영된다는 점을 감안하면 사실 모든 좋은 정보가 커뮤니티에서 나오는 것도 당연합니다. 초반에는 로드맵 투자법이 막연하고 어렵게 느껴질 수 있지만 제가 설명한 두 가지 핵심에 집중해 연습하다 보면 분명히 효과적이고 효율적인 트레이딩 생활을 할 수 있을 것입니다.

---

1. Treck(@treckex)

팔로워가 많은 편은 아니지만 NFT 시장의 전반적 분석과 인사이트를 제공해 시장 흐름과 주요 블루칩 NFT 지표를 확인하는 데 도움이 됩니다.

2. AMERICAN RADASS(@MERICAN_RADASS)

직접 NFT 관련 뉴스레터와 리포트를 제작하는 인플루언서입니다. 매주 특징적인 NFT 프로젝트 이슈를 다루는 칼럼과 흥행 가능성이 높은 프로젝트의 민팅 일정을 캘린더로 제공합니다.

3. Popeye(@PopeyesNFTs)

픽스패스포트^{PicksPassport} NFT 파운더이자 CEO입니다. 정형화된 인사이트를 제공하지는 않지만 다양한 주제의 이야기를 트윗합니다. 편하게 보면서 정보를 얻기에 적합합니다.

4. NFT Alpha Beta(@NFTAlphaBeta)

이름대로 NFT와 관련한 다양한 정보를 다룹니다. NFT 시장 전반에 대한 특징적 이슈와 개별 프로젝트의 데이터 분석도 제공합니다.

5. Pranksy(@Pranksy)

유명한 해외 NFT 고래 트레이더입니다. 트레이딩에 직접 활용할 수 있는 정보를 많이 제공하지는 않지만 팔로워 41만의 규모 있는 인플루언서기 때문에 트위터상의 NFT 관련자를 찾고 피드를 키워나가는 데 유용합니다.

6. Gary Vaynerchuk(@garyvee)

명불허전 315만 명의 팔로워를 보유하고 있는 NFT계 거물 게리비입니다. 유명인일수록 투자와 직접적으로 관련 있는 정보를 올리기 어렵습니다. 하지만 유명인의 SNS에는 항상 또 다른 영향력 있는 인물이 많이 등장하는 편이라 참고하기 좋은 사람들을 찾을 수 있습니다.

7. Seedphrase.eth(@seedphrase)

NFT계의 실력 있는 트레이더자 유명 인사입니다. NFT 시장에 대한 본인만의 인사이트와 관점을 공유합니다. 이 피드에는 다른 사람이 포스팅한 NFT 관련 인사이트가 종종 올라와서 투자 안목과 실력을 기르는 데 유용합니다.

효율적인
NFT 매매 전략

어떻게 사고
어떻게 팔까?

NFT 투자의 꽃

사실 이번 챕터에서 다룰 내용은 NFT 투자에서 제가 정말 중요하게 생각하는 부분입니다. 앞으로 여러분이 NFT 트레이더로 생활하면서 그 어떤 상황에서도 반드시 기억해야 하는 내용이기 때문입니다. 앞의 세 챕터에서는 어떻게 투자 대상이 되는 NFT를 선택해야 하는지, 어떻게 트레이딩에 전략적으로 접근해야 하는지 설명했습니다. 여기서 또 하나 반드시 숙지해야 하는 것이 바로 '어떻게 사고 어떻게 팔 것인가'입니다. 이때 '어떻게'란 당연히 NFT를 사기 위해 메타마스크 지갑을 만들고 오픈시에 들어가 무슨 버튼을 눌러라 하는 기술적인 내용은 아닙니다. 그럼 본론으로 바로 들어가 볼까요?

핵심 구매 전략, BBS 전략

여러분이 리빌 투자를 하든 로드맵 투자를 하든 어떤 전략을 쓰든 관계없이 NFT 거래를 할 때는 반드시 'BBS'를 기억하길 바랍니다. BBS는 Buy Buy Sell의 약자로 '2개를 사고 1개를 팔라'는 뜻입니다. 물론 '나는 자산적 여유가 있고 NFT 투자 실력이 어느 정도 올라와서 한 번에 10개씩 살 수 있어' 하는 사람에게는 해당되지 않지만 이제 막 NFT 트레이딩을 통해 새로운 부의 창출을 꿈꾸는 초보 트레이더라면 이 조언을 반드시 기억하는 편이 좋습니다.

저는 처음 NFT 투자를 시작했을 때 어떤 NFT를 구매하든 항상 최소 2개씩은 구매했습니다. 절대 1개만 구매한 적은 없습니다. 대체 1개만 사는 것과 2개를 사는 것에 무슨 차이가 있을까요? 가장 큰 차이는 바로 심리적 대응입니다. 만약 여러분이 어떤 NFT를 1개만 구매하는 경우 단 1개의 NFT만으로 수익과 손실을 확정 지어야 합니다. 구매한 NFT 가격이 올라 100퍼센트의 수익률을 달성한 상황이라면 여러분은 깊은 고민에 빠질 것입니다. 지금 NFT를 팔아버린다면 100퍼센트 수익률을 확정 지을 수 있지만 더 오를 수도 있다는 기대감 때문에 판매를 망설이게 되죠. 반대로 가격이 하락할 때는 더 떨어지면 수익률이 줄어드니 당장 판매하고 수익률을 확정 지어야 하지 않을까 고민합니다. 이런 고민은 그 어떤 경우에도 현명한 투자 판단을 내릴 수 없게 하는 장애물입니다.

하지만 NFT를 2개 구매했다면 상황은 달라집니다. 0.5이더리움의 바닥가를 형성하고 있는 NFT를 2개 구매한다면 총지출은 1이더리움입니다. 만약 이 NFT의 가격이 상승해 개당 0.8이더리움이 됐고 수익 실현이 고민된다면 1개의 NFT를 판매하면 됩니다. 그럼 아직 판매하지 않은 1개의 NFT가 앞으로 0.2이더리움의 수익만 발생시킨다면 원금을 지킬 수 있습니다. 다시 말해 여러분이 보유 중인 1개의 NFT 가격이 하락해 0.2이더리움 이하로 내려가지만 않는다면 어떤 경우에도 원금은 보존되는 것이죠.

NFT 구매 비용: -0.5 × 2 = -1

1개 판매 시: +0.8

수익·손실 현황: -0.2

그렇다면 남은 1개의 NFT 가격이 예상과 다르게 하락하는 경우 언제 팔아야 할까요? 정답은 간단합니다. 0.2이더리움까지 가격이 하락하는 경우 미련 없이 판매하면 됩니다. 그럼 투자 원금 전액을 보존하게 되고 다른 NFT를 찾아 트레이딩을 이어갈 수 있습니다.

만약 여러분이 1개의 NFT만 구매했다면 가격이 오르면 오르는 대로 내려가면 내려가는 대로 심각한 고민과 스트레스에 시달릴 수밖에 없습니다. 기대감과 공포감에 휩싸여 여유 있고 현명한 판단을 내리기가 어려워지죠. 물론 여러분이 NFT를 구매하자마자 가격이 하락하는 경우도 있을 수 있고 그 경우 2개의 NFT를 구매한 것은 결과적으로 더 큰 손실을 초래한 행동이 됩니다. 하지만 이는 NFT를 2개 구매했기 때문에 생긴 문제가 아니라 더 근본적으로는 투자할 NFT 자체를 잘못 선택해 생긴 문제입니다. 가격이 상승할 NFT를 선택한 것이 아니라 내려갈 NFT를 선택한 것이니 선택 자체에서 오류가 발생한 것이죠. 하지만 가격이 상승할 NFT를 잘 선택했다 해도 1개만 구매했다면 트레이딩 과정에서 머리가 지끈지끈해질 가능성이 큽니다.

핵심 판매 전략, 자랑하고 싶을 때 팔아라

BBS 전략을 사용해 1개 NFT는 미리 팔아 투자 원금을 회수했다면 남은 NFT 하나는 대체 언제 판매해야 할까요? 가격이 어디까지 오를지는 절대 알 수 없지만 그럼에도 이왕 좋은 NFT를 골랐고 가격도 오르고 있으니 최대한 높은 수익률을 기록하고 싶은 마음이 들 것입니다. 이럴 때는 언제나 판매 시점이 난제로 남습니다.

사실 저도 정확한 판매 시점은 모릅니다. 저뿐만 아니라 NFT 트레이더 그 누구도 알지 못하죠. 주식시장에서도 "언제 팔아야 하나요?"라는 질문에 대한 고수들의 대답은 제각각입니다. 혹자는 3~5퍼센트라는 수익률을 고정적으로 정해두고 기계적으로 팔아야 한다고 하고 혹자는 여러 분석 도구를 활용해 판매 시점을 제시해 주기도 합니다. 하지만 그 어느 것도 정답이라고 할 수는 없죠. 그래서 저는 NFT 판매 시점을 잡을 때 저만의 규칙을 세워뒀습니다. 엉뚱해 보이지만 제법 잘 맞아떨어지는 규칙입니다.

'자랑하고 싶어서 입이 근질근질할 때 팔아라.'

써놓고 보니 일종의 미신처럼 보이기도 하지만 저는 주변 사람에게 자랑하고 싶은 마음이 들 때, 자랑하고 싶어서 입이 근질근질할 때 일단 그 NFT를 판매합니다. 팔고 나서 "나 얼마에 팔았다"고 자랑합니다. 이에 관해 좀 더 명확한 근거와 데이터를 제시해 달라고 하면 사실 할 말이 없습니다. 하지만 굳이 설명하자면 남들에게 자랑하고 싶어지는 데는 현재 수익률에 상당히 만족한다는 심리가 깔려 있다고 봅니다. 즉, 판매를 통해 수익을 확정 짓고 나서 추가로 가격이 상승하더라도 이미 실현 수익률에 만족하고 있기 때문에 후회가 남지 않는 것이죠. 반대로 내가 판매한 이후 가격이 하락한다면 심리적 만족감은 2배가 될 것입니다. 안 그래도 남들에게 자랑하고 싶을 만큼 수익률을 올렸는데 심지어 내가 팔고 나니 가격이 내려갔다? '기가 막히게 팔았는걸?' 하는 생각이 들 것입니다.

이와 관련해 얼마 전 신기한 경험을 하나 했습니다. 저는 '코니언 패스*Coniun Pass*'라는 NFT를 0.5이더리움에 구매해 보유하고 있었는데요, 유틸리티성 NFT라 가격은 크게 신경 쓰지 않고 코니언에서 제공하는 다양한 기능을 잘 활용하고 있었죠. 그런데 어느 날 오픈시에 들어가 보니 코니언 NFT 가격이 1이더리움까지 올라 있었습니다. 그때 저는 '어라? 언제 올랐지? 오 좋은데' 하는 생각이 들었지만 자랑하고 싶은 마음까지는 들지 않았습니다. 그 뒤로 가격이 추가 상승해 1.6이더리움까지 올랐을 때 어느샌가 같이 NFT 트레이딩을 하는 지인에게 자랑하고 있는 저를 발견했습니다. "야, 나 이거 0.5이더리움에 샀는데 1.6이더리움까지 올랐다? 대박이지"라고 말

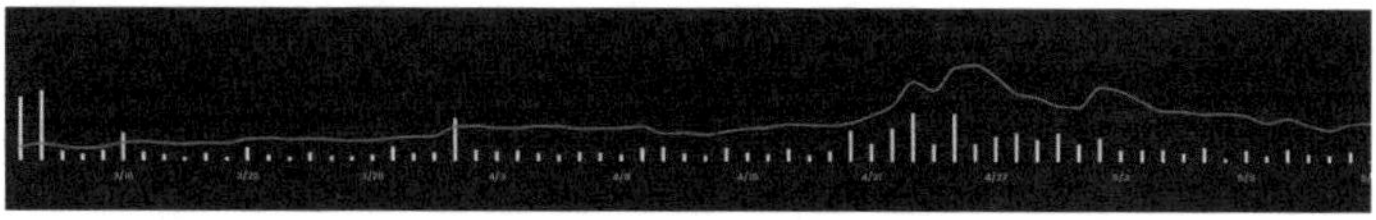

그림 91. 코니언 패스 NFT 가격 추이

이죠. 그날 집에 돌아오자마자 저는 코니언 NFT를 1.6이더리움에 판매했습니다.

팔고 나니 가격은 하락했고 현재는 0.7이더리움 정도의 바닥가가 형성돼 있습니다. 알고 보니 당시 코니언에서 어떤 이벤트를 했고 이벤트 당일까지 가격이 상승했다가 이벤트 종료 후 가격이 떨어진 것이었습니다. 저는 이런 사실을 전혀 모르고 팔았지만요. 운도 어느 정도 작용했지만 '역시 남들에게 자랑하고 싶을 때 판매하는 것이 후회도 없고 만족감도 높은 진리의 투자 법칙이구나' 하고 생각했습니다.

최소 2개는 구매하고 1개를 팔아 투자 원금을 확보하라는 구매 전략, 언제 팔아야 할지 고민될 때는 남에게 자랑하고 싶어 입이 근질근질할 때 팔아야 한다는 판매 전략, 언뜻 별것 아니라고 생각될지 모르지만 그 어떤 조언보다 값질 것입니다.

모두가 아는 투자의 대가 워런 버핏*Warren Buffett*이 이야기한 투자 원칙 세 가지가 있습니다. 첫째는 투자 성향과 관련된 내용이니 넘어가고 둘째가 바로 '절대 잃지 않는 투자를 해라', 마지막 셋째가 '두 번째 원칙을 기억하라'입니다. 항상 높은 수익만을 좇아 욕심을 내기보다는 투자 원금을 최대한 지키면서 스스로 만족할 수 있는 수익을 실현해 나가는 것이 현명하게 그리고 꾸준하게 투자 생활을 영위할 수 있는 필수 원칙이라는 것, 절대 잊지 말길 바랍니다.

기회를 포착할 준비를 마치며

NFT는 혁신적 가치와 혁명적 슬로건을 내걸고 등장한 블록체인과 함께 새로운 시대를 만들어 나갈 수 있는 기술임에 틀림없습니다. 예술계의 고질적 문제들을 해결하고 기존 온라인 게임이 해결할 수 없었던 회색 지대를 메꿔주는 새로운 콘텐츠를 만들어 낼 것입니다. 실제로 많은 대기업이 NFT를 새로운 미래 먹거리로 낙점하고 여기에 아낌없는 투자를 단행하고 있습니다. 하지만 NFT 시장이 여전히 미성숙하고 불완전한 것 또한 분명한 사실입니다. 환경문제도 얽혀 있고 시장 참여자를 보호할 수 있는 제도적 장치도 마련돼 있지 않으며 현재 거래되고 있는 NFT의 가격적 가치에 비해 물질적으로 구현된 것이 없다는 허구성 리스크도 지니고 있습니다.

무조건 NFT 시장에서 부자가 나올 것이고 NFT 시장이 부를 축적할 최고의 기회라고 말할 생각은 추호도 없습니다. 하지만 이 전례 없는 시장에 전 세계에서 많은 관심을 갖고 있는 것은 분명한 사실입니다. 새로운 기회가 될 전제 조건 정도는 갖춘 셈이죠. 어떤 선택을 할지는 여러분 몫입니다. 가능성의 땅에서 적극적으로 공부하고 연습해 가며 도전해 볼지, 아니면 리스크보다는 안정성을 추구할지는 옳고 그름의 문제가 아니라 단순한 선택의 문제에 불과합니다.

하지만 어떤 선택을 하든 새로운 시장에 눈과 귀를 닫아서는 안 됩니다. 항상 새로운 기회에 감각을 열어두고 쏟아지는 정보들과 발전하는 기술들을 가능한 한 빠르게 따라갈 수 있도록 끊임없이 준비해 둬야 합니다.

기회는 준비된 자에게 찾아온다

이 책을 통해 NFT 트레이더를 꿈꾸는 많은 분이 조금이나마 투자 실마리를 찾았으면 좋겠습니다. NFT는 정보를 얻기가 정말 어렵습니다. 서적도 부족하고 검색 포털에 한국어로 NFT 관련 정보를 검색해도 나오는 콘텐츠가 별로 없습니다. 구글에서 영어로 검색하면 영문 자료가 쏟아지지만 모국어로 아닌 영어로 공부하는 데는 불편함이 따릅니다.

그래서 제가 맨땅에 이마 부딪혀 가며 습득한 저만의 노하우와 테크닉을 이 책에 담았습니다. 제 방법이 정답이 아닐 수 있고 제 방법으로 모두가 트레이딩 수익을 얻을 수 있는 것 역시 아닐 것입니다. 문자 그대로 제게 가장 익숙하고 제게 가장 잘 맞는 저만의 방법이니까요. 다만 제 노하우들이 먼저 닦아놓은 길이 돼 여러분이 여러분만의 투자 감각을 일깨우고 투자법을 만들어 나가는 데 작게나마 도움이 되길 바라는 마음입니다.

소박한 꿈이 하나 있는데요, BAYC가 홀더들과 함께하는 요트 선상 파티를 열었다고 합니다. 저도 저와 함께 NFT 트레이딩을 하는 많은 투자자와 또 적지만 저를 좋아해 주고 따라주는 팬들과 함께 이런 파티를 하고 싶습니다. 이 책을 시작으로 많은 분이 NFT 시장에서 함께 살아남아 웃음 가득한 '엔모 선상 파티'에서 칵테일 한잔하며 이야기할 수 있는 날이 오길 바랍니다.

윤기수(엔모)

초보자를 위한
NFT 거래 준비하기

1. 가상자산 거래소 가입 및 계좌 만들기

현재 NFT 거래는 이더리움, 클레이튼 등의 암호화폐를 통해 이뤄집니다. 따라서 NFT 거래를 시작하려면 먼저 가상자산을 준비해야 합니다.

대표적인 가상자산 거래소로는 '업비트', '빗썸', '바이낸스' 등이 있지만 우리는 원화로 암호화폐를 구매해야 하기 때문에 원화 거래를 지원하는 업비트를 필수적으로 사용해야 합니다.

2. 케이뱅크 가입하기

업비트를 이용하려면 먼저 케이뱅크에 가입해야 합니다. 주식거

그림 92. 업비트 홈페이지

그림 93. 케이뱅크 홈페이지

래의 경우 시중은행 계좌에서 증권 계좌로 바로 원화 입금이 가능하지만 업비트의 경우 공식 거래 은행인 케이뱅크 계좌를 통해서만 원화 입출금이 가능하기 때문입니다. 따라서 케이뱅크에 가입한 뒤 계좌를 개설하고 케이뱅크 계좌에 원하는 액수의 원화를 입금한 다음 이 원화를 다시 업비트 계좌로 입금하면 암호화폐 거래 준비는 끝입니다.

복잡하게 보일 수 있지만 케이뱅크는 시중은행과 동일하며 증권 계좌에 투자금을 채워 넣듯 업비트 계좌에 투자금을 송금만 하면 됩니다. 단지 입출금 경로가 케이뱅크와 업비트로 한정돼 있다는 점만 다를 뿐입니다.

3. 업비트에서 암호화폐 구매하기

업비트 계좌에 원하는 만큼 투자금을 넣어뒀다면 다음으로 할 일은 암호화폐를 구매하는 것입니다. NFT 거래에 주로 사용되는 암호화폐는 이더리움과 클레이^{Klay}입니다. 이더리움은 업비트 거래소에서 거래할 수 있기 때문에 업비트에서 구매하면 됩니다. 암호화폐를 거래하는 방법은 주식거래와 동일하니 따로 설명하지는 않겠습니다. 만약 투자금이 100만 원이고 업비트 계좌에 100만 원을 입금해 뒀다면 100만 원에 해당하는 만큼의 이더리움을 구매하면 됩니다.

NFT 트레이딩을 준비하는 분 중 클레이튼 기반 NFT에 관심이 있는 분도 있을 텐데요, 업비트에서는 클레이 거래는 지원하지 않기

그림 94. 이더리움 거래 화면

때문에 MEXC 거래소처럼 클레이 거래를 지원하는 곳을 이용해야

합니다.

4. 메타마스크 지갑 만들기

NFT 구매를 위해 암호화폐를 모두 준비했다면 이제 NFT 거래

에 사용되는 가상지갑을 만들 차례입니다. NFT 거래는 증권사나

업비트처럼 별도 계좌를 사용하지 않고도 암호화폐 입출금이 가능

하고 NFT 전송 및 보관이 가능한 디지털 지갑인 메타마스크를 주로 씁니다. 메타마스크는 가장 보편적으로 사용되는 지갑이며 만약 자산을 더 안전하게 보관하고 싶다면 하드월렛 같은 도구를 사용하는 방법도 있습니다.

메타마스크는 별도의 확장 프로그램이나 애플리케이션이 아닌 크롬 확장 프로그램입니다. 따라서 메타마스크를 다운로드하면 크롬에 메타마스크 확장 프로그램이 설치됩니다.

메타마스크를 처음 설치하면 〈그림 95〉와 같은 화면이 보입니다. 처음 지갑을 만드는 것이니 〈그림 96〉의 오른쪽에 보이는 지갑 생성 버튼을 눌러보겠습니다.

다음으로 각자 암호를 설정하면 되는데요, 언제 어디서든 메타마스크를 쓸 때 필요한 암호니 반드시 기억해 두는 것이 좋습니다. 비밀번호를 설정하고 다음 버튼을 누르다 보면 〈그림 98〉처럼 비밀 복구 문구라는 것이 나옵니다. 비밀 복구 문구는 총 12개의 무작위로 선정된 단어로 구성돼 있습니다. 이 비밀 복구 문구는 메타마스크 지갑을 언제 어디서든 호출할 수 있는 중요한 비밀 키 역할을 합니다. 집에 있는 데스크톱이든 노트북이든 혹은 회사 PC든 기기에 관계없이 크롬만 있다면 언제 어디서든 이 복구 문구를 통해 지갑을 불러올 수 있습니다. 따라서 복구 문구를 남들이 안다면 지갑

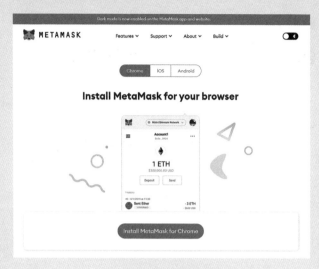

그림 95. 메타마스크 설치 화면

그림 96. 메타마스크 초기 세팅 화면 (1)

속 자산이 모두 해킹당할 수 있겠죠? 또 이 복구 문구를 잊어버리

면 영영 내 지갑과 지갑 속 자산을 찾을 수 없으니 안전하게 잘 보

그림 97. 메타마스크 초기 세팅 화면 (2)

그림 98. 메타마스크 초기 세팅 화면 (3)

관할 수 있는 곳에 적어두는 것이 좋습니다.

비밀 복구 문구를 잘 저장하고 나면 〈그림 99〉처럼 여러분만의 메타마스크 지갑이 생성됩니다. 처음 지갑을 만들면 당연히 '0이더리움'이라고 나올 텐데요, 이제 암호화폐 거래소에서 구매한 이더리움을 메타마스크 지갑으로 옮기기만 하면 됩니다. 화폐를 입출금하려면 계좌 번호가 필요한데 메타마스크에도 계좌 번호 역할을 하는 지갑 주소가 존재합니다. 가장 상단의 Account 1 아래에 있는 0x947…09b0이라고 돼 있는 부분이 지갑 주소, 즉 계좌 번호입니다. 앞으로 NFT 활동을 할 때 Wallet Address라는 문구를 자주 보게 될 텐데 이것이 바로 지갑 주소를 뜻합니다.

그림 99. 메타마스크 계정 페이지

5. 오픈시에 메타마스크 연동하기

이제 본격적으로 NFT 거래를 시작할 단계입니다. 대표적인 NFT 거래소로는 오픈시, 매직에덴 등이 있습니다. 매직에덴은 솔라나 네트워크 기반 NFT를, 오픈시는 클레이튼과 이더리움 기반 NFT를 거래할 수 있는 거래소입니다. 오픈시는 전 세계에서 가장 거래액이 많고 규모가 큰 거래소로 앞으로 여러분이 가장 많이 이용하게 될 곳입니다.

오픈시에 접속한 후 우측 상단의 지갑 모양 아이콘을 클릭하면 지갑을 연결하는 창이 나타납니다. 우리는 메타마스크 지갑을 사

그림 100. 오픈시 지갑 연결

용하기 때문에 메타마스크 버튼을 클릭한 후 연결하면 됩니다. 크롬 브라우저에 여러분의 메타마스크가 설치돼 있다면 자동으로 메타마스크를 연결하는 창이 뜨니 연결 버튼만 누르면 됩니다. 여기까지 마쳤다면 오픈시에서 관심 있는 NFT를 검색한 후 원하는 NFT를 구매하거나 판매할 수 있습니다.

오픈시의 사용자 인터페이스가 상당히 잘 짜여 있고 NFT를 거래하는 행위 자체는 직관적이어서 하나씩 버튼을 누르면서 진행하다 보면 큰 무리 없이 익힐 수 있습니다. 또 트레이딩에 관한 서적은 많지 않지만 지갑을 만들고 오픈시에서 거래하는 기초 방법을 소개한 서적이나 블로그 포스팅 등은 많으니 찾아보면 큰 도움이 될 것입니다.

부록 2

NFT에 관해
가장 많이 묻는 질문

NFT 유튜브 채널을 운영하고 경제 뉴스레터에 NFT 관련 칼럼을 쓰다 보면 많은 분에게 정말 다양한 질문을 받습니다. NFT의 의미에 관한 질문부터 심도 깊은 질문까지 질문의 스펙트럼도 넓은데요, 제가 자주 받았던 질문을 Q&A 형식으로 담아봤습니다.

Q1 예전에 방송국에서 인기 예능프로그램의 밈이었던 '상상도 못한 정체'를 NFT 시장에서 판매했다는 기사를 봤는데요, NFT 거래는 저작권을 거래하는 건가요? 만약 유명 밈의 NFT를 누군가 구매했다면 우리가 그 밈을 사용하는 데 문제가 생기나요?

A 기존에 없던 새로운 아트워크로 만든 NFT는 문제가 없지만 이미 온라인

에 존재하는 콘텐츠를 NFT로 제작해 거래하는 일이 발생하면서 NFT와 저작권을 둘러싼 논쟁이 일어나고 있습니다.

기본적으로 NFT 구매는 저작권이 아닌 소유권을 구매하는 것입니다. 저작권은 저작자가 창작물을 제작하는 즉시 저작자에게 부여되는 권리로 저작물의 내용, 변형, 재창작, 활용 등 저작물의 지적인 부분을 독점적으로 활용할 수 있는 권한입니다. 반면 소유권은 말 그대로 저작물을 소유할 수 있는 권리를 뜻합니다. 법적으로 저작권과 소유권은 철저하게 독립적으로 작용합니다. 따라서 NFT를 구매하는 행위로 소유권을 갖게 된다는 것은 해당 NFT 자체를 있는 그대로 소유할 권리가 있고 해당 NFT의 그림, 아트워크 등을 마음대로 변형하거나 재창작할 권리는 없다는 뜻입니다.

예를 들어 유명 아티스트인 뱅크시의 작품을 활용해 제작된 NFT가 있다고 가정해 봅시다. 이는 2차 저작물이기 때문에 NFT 제작 주체와 저작권자인 뱅크시 사이에 저작권 합의가 있어야 합니다. 저작권 합의를 기반으로 제작된 뱅크시의 NFT를 구매하는 경우 여전히 저작권은 뱅크시에게 있으며 우리는 이 NFT를 소유할 권리만 갖습니다. 만약 누군가 내가 구매한 뱅크시 NFT로 2차 저작물을 제작한다면 문제의 소지는 2차 저작물을 제작한 사람과 뱅크시 사이에 발생하며 내가 보유한 NFT 소유권을 침해한 것은 아니므로 나와는 법적 문제가 없습니다. 다만 내가 보유하고 있는 NFT를 해킹하거나 무단으로 취득했다면 소유권을 침해한 것이니 문제가 되겠죠?

최근에는 일부 NFT들이 NFT 구매자에게 저작권까지 모두 양도하는 경우도 있습니다. NFT 홀더에게 최대한의 혜택을 제공하기 위함인데요, 이 경우 NFT 보유자는 저작권자인 NFT 제작자로부터 소유권과 함께 저작권까지 양도받기 때문에 자신의 NFT를 활용해 굿즈 등의 2차 저작물을 제작할 수 있습니다. 최근 저작권과 관련한 다양한 움직임이 나타나고 있으니 관심 있게 지켜보면 좋을 것 같습니다.

Q2 **왜 NFT가 종이 사용을 줄여줘서 친환경적이라고 하는지 모르겠습니다. NFT도 결국 디지털상의 데이터라 정보를 저장하기 위해 컴퓨터는 계속 돌아가야 하고 그러면 에너지를 계속 사용하니 환경이 더 오염되지 않나요?**

A 엄밀히 말하면 현재까지의 NFT는 친환경적이지 않습니다. 오히려 환경오염을 유발한다는 문제점을 안고 있습니다. 이유는 간단합니다. NFT를 거래하기 위해서는 암호화폐가 필요하고 암호화폐를 생산(채굴)하는 데는 방대한 수준의 데이터 처리 작업이 수반됩니다. 즉, 암호화폐 자체가 이미 생산 과정부터 엄청난 양의 전력을 필요로 하고 이는 곧 화석연료의 과도한 사용으로 이어집니다. 또 NFT가 블록체인에 데이터를 저장하기 위해서는 블록체인상에 블록을 생성해야 합니다. 이 역시 암호화폐를 생산하는 것과 마찬가지로 방대한 양의 데이터 처리가 필요합니다. 따라서 NFT는 많은 양의 전력을 소모한다는 점에서 친환경적이지 못합니다. 하지만 이런 문제를 해결하기 위해 블록체인 업계에서는 블록을 생성하고 암호화폐를 생산하는 데 필요한 데이터 처리의 복잡성은 유지하되 전력 소모량을 줄일 수 있는 방법을 연구하고 있습니다. 소위 말하는 '이더리움 레이어 2'와 같은 것입니다. 블록체인 업계 자체가 환경오염에서 자유롭지 못하기 때문에 지속적으로 전력 사용량을 줄일 수 있는 대안을 연구할 것이고 환경오염 문제도 점차 해결되리라 생각합니다.

Q3 '대체 불가능한 토큰'이라는 NFT의 단순한 개념은 이해되는데 암호화폐

도 그렇고 도대체 어떤 믿음을 갖고 여기에 투자하는지 궁금합니다. 주

식의 경우 정확히 주가가 움직이는 이슈가 있고 이유가 존재하잖아요.

근데 암호화폐나 NFT는 눈에 보이는 이유가 없음에도 많은 사람이 투자

하는 이유가 궁금합니다. 그냥 잘될 거라는, 확실히 미래엔 유망하다는

믿음만으로 투자를 하는 건가요?

A 암호화폐와 NFT가 처음 탄생했을 때부터 지금까지 해결되지 않는 문제

가 바로 현물경제와의 연동입니다. 질문에서 언급된 대로 주식은 실제 사

업을 영위하는 기업의 경영 실적과 기업 가치가 연동돼 주가라는 하나의

가격으로 반영되지만 암호화폐나 NFT는 그런 부분이 없습니다. 물론 현

물경제와의 연동을 만들어 나가려는 시도가 계속해서 이뤄지고 있지만 그

것만으로 지금의 가격대를 설명하기에는 부족하죠.

결국 제가 생각하는 NFT 투자 요인은 가장 원초적인 것입니다. 수요와 공

급의 법칙이죠. 시장이 형성된 이상 NFT 공급자는 충분히 확보돼 있습니

다. 문제는 수요가 얼마나 따라주느냐인데 대부분의 수요자는 NFT의 미

래적 가치에 동의하는 사람이 아닐까 생각합니다. 이미 암호화폐가 안정

적인 자본시장으로 자리 잡아가고 있는 상황에서 블록체인을 기반으로

등장한 NFT 시장은 블록체인과 암호화폐에 공감하고 동의하는 투자자에

게는 크게 거부감 없는 자산으로 받아들여졌을 것입니다. 더군다나 초기

암호화폐는 문자 그대로 아무것도 없는 화폐에 불과했다면 NFT는 온라

인상에 예술품 혹은 디지털 콘텐츠 같은 일종의 물성을 기반으로 만들어

진 자산이기에 더더욱 혁신적이고 미래적인 가치로 여겨졌으리라고 보입

니다. 이들에 의해 초기 시장이 구성됐고 확보된 수요를 기반으로 성장한 시장을 보고 점차 많은 투자자가 시장에 참여하기 시작하면서 지금의 안정적인 수요와 공급으로 이어졌다고 생각합니다. 또 NFT 시장에서도 현실 생태계와의 연동과 연계를 통해 현실성 있는 가치를 생산해 내기 위한 움직임이 이어지고 있어 시간이 흐를수록 점차 NFT의 내재 가치는 탄탄해지리라고 예상합니다.

Q4 NFT가 ETF^{상장지수펀드}나 펀드같이 상품으로 나올 가능성이 있나요? 그렇다면 해당 상품의 거래 방법이 NFT가 아닌 현물로 이뤄질지 궁금합니다.

A NFT도 간접투자 방식의 ETF나 펀드로 상품화될 가능성은 충분합니다. 하지만 아직까지는 현실성이 떨어지는 이야기입니다. 암호화폐는 얼마 전 미국에서 자산의 지위를 인정받아 세계 최초의 비트코인 선물 ETF가 뉴욕 증시에 상장됐습니다. 하지만 NFT는 아직 그런 움직임이 없죠. 이유는 간단합니다. 펀드나 ETF 등의 금융 상품으로 만들어지기 위해서는 먼저 NFT가 법적 자산으로 인정돼야 합니다. 현재까지 NFT는 시장 규모나 거래액, 자산 형태나 방식 등 완전하지 못한 부분이 있어 법적으로 인정받기는 무리죠. 그러나 NFT도 암호화폐처럼 시장의 성숙도와 보편성이 확보된다면 점차적으로 간접투자 방식의 상품도 개발될 것입니다. 만약 ETF나 펀드 같은 간접투자 상품이 출시된다면 해당 상품은 증권거래와 마찬가지로 원화나 달러 등의 현물을 기반으로 거래될 것입니다. NFT 자체를 거래하는 것이 아닌 NFT의 가치를 기반으로 만들어진 금융 상품을 거래하는 것이기 때문이죠.

Q5 NFT가 대체 불가능한 토큰이라 가치를 지닌다고 하지만 예를 들어 디지털 모나리자 원본의 복제품을 고객이 속아서 사도 아직 그에 대한 처벌 혹은 해결 방법은 딱히 정해진 게 없다고 알고 있습니다. 그럼 대체 불가라는 말은 잘못된 것 아닌가요?

A NFT가 대체 불가능하다는 것은 블록체인을 통해 누구나, 언제, 어디서나 자격 증명과 소유 증명이 가능하다는 뜻입니다. 즉, 누구나 특정 NFT의 제작부터 소유권 이전까지 모든 정보를 확인하고 증명할 수 있다는 뜻에서 대체 불가능이라는 표현을 사용합니다. 따라서 누군가 디지털 모나리자 원본 NFT의 복제품을 만들어도 해당 NFT가 복제품인지 아닌지 쉽게 확인이 가능하며 복제품은 원본만큼의 가치를 가질 수 없습니다.

하지만 NFT 시장에서 사기, 복제 등의 피해를 입을 경우 그에 대한 피해 보상 규정은 아직 마련된 것이 없습니다. 문화 지체 현상이라고도 볼 수 있는데요, 이는 빠르게 변하는 물질문화를 비물질문화가 따라잡지 못하는 것을 말합니다. 물질문화의 대표적인 예로는 과학기술이 있고 비물질문화의 예로는 가치관이나 사회적 제도 등이 있죠. 따라서 아직 NFT 거래에 대한 피해 보상이나 제도적 장치가 마련되지 않은 것은 시기 문제지 NFT 본질적 가치 문제는 아닙니다.

NFT에 대한 피해 보상 규정이나 처벌 규정을 만들기 위해서는 먼저 NFT를 하나의 공식적인 자산으로 인정해야 하는데요, 이 과정에는 무수히 많은 법적 판단과 절차가 요구됩니다. 하지만 피해 보상, 가해자 처벌 규정의 필요성에 대한 목소리가 커지면서 점차 제도권에서도 관련 규정을 마련할 것으로 예상됩니다.

Q6 NFT를 직접 제작하고 판매해 보고 싶은데 NFT 제작자 활동은 누구나 할 수 있나요? 아니면 특정한 자격이나 조건이 필요한가요?

A 누구나 NFT 투자자가 될 수 있듯 누구나 NFT 제작자가 될 수 있습니다. 특별한 자격 요건이 필요하지 않습니다. NFT 작가 활동을 하기 위해 여러분이 준비해야 하는 것은 작품입니다. 핸드폰으로 직접 찍은 사진, 손으로 그린 그림 혹은 그림판이나 포토샵으로 그린 디지털 그림 등 모든 형태 저작물이 NFT로 제작될 수 있습니다. 여러분이 제작하고 판매할 수 있는 작품만 준비된다면 오픈시에서 손쉽게 등록해 판매할 수 있습니다.

오픈시에서 작품 등록을 위한 편리한 절차를 마련해 뒀기 때문에 판매할 작품을 업로드하고 기타 정보만 입력하면 됩니다. 물론 내가 만든 NFT가 어떻게 하면 잘 팔릴 수 있는지, 어떻게 해야 많은 사람에게 관심받을 수 있는지는 예술의 영역이 되겠죠. 저는 미술에는 단 1그램도 재능이 없는 트레이더라 예술적 조언을 해드리지는 못합니다. 하지만 최근 실제 아티스트로 활동하고 있는 국내 작가분들이 출판한 서적도 많으니 찾아보면 큰 도움이 될 것 같습니다.

Q7 붓글씨도 NFT로 제작 가능한가요?

A 디지털 공간에서 구현할 수 있는 모든 형태의 콘텐츠를 NFT로 만들 수 있습니다. NFT는 기존 콘텐츠와 독립된 별개 콘텐츠가 아니라 기존 콘텐츠를 블록체인이라는 디지털 기술과 결합한 것입니다. 이론적으로는 2D나 3D 이미지, 짧은 동영상, 긴 동영상, 손글씨, 붓글씨, 녹음된 음성, 소리 파일 등 모든 형태의 디지털 콘텐츠가 다 NFT화될 수 있죠. NFT 초창기부

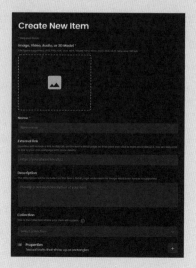

그림 101. 오픈시 NFT 작품 등록 화면

터 지금까지는 디지털 아트가 주류를 이루고 있지만 점차 콘텐츠는 다양화되리라고 생각합니다. 이미 음성 파일을 기반으로 하는 NFT도 수차례 발매됐고 현재는 그림 파일뿐 아니라 공연 및 스포츠 경기 티켓처럼 다양한 형태의 NFT도 발행되고 있으니 앞으로 형태적 다양성은 무궁무진해질 것으로 보입니다.

알아두면 쓸모 있는
NFT 관련 사이트

1. 아이시툴스(https://icy.tools/) ★★★★★

- NFT 실시간 시세 및 프로젝트 데이터 제공

- 실시간 민팅 순위 등 다양한 기능을 활용할 수 있는 복합 툴

- 부분 유료

2. 젬^{Gem}(https://beta.gem.xyz/) ★★★★★

- NFT 거래 보조 툴

- 대량 구매·판매 등 간편한 거래 지원

3. 트레잇스나이퍼^{Traitsniper}(https://app.traitsniper.com/) ★★★★

- 프로젝트별 레어리티 정보 제공

4. NFT너즈*NFTNerds*(https://nftnerds.ai/) ★★

- 실시간 NFT 거래 데이터 제공
- 부분 유료

5. 난센*Nansen*(https://pro.nansen.ai/) ★★★★

- 해외 트레이더가 주로 사용하는 NFT 복합 툴
- 부분 유료

6. 민티스코어(https://mintyscore.com/) ★★★★

- 신규 프로젝트 민팅 정보 제공
- 디스코드, 트위터 등 커뮤니티 관련 데이터 제공

7. NFT고(https://nftgo.io/) ★★★

- NFT 시장 전반 데이터 제공
- NFT 트렌드와 고래 현황 파악 가능

8. 레어리티툴스(https://rarity.tools/) ★★★★

- 프로젝트별 레어리티 정보 제공
- NFT 민팅 일정 캘린더 제공

9. 한국 NFT 365일*Korea NFT 365 Days*(https://www.koreanft365days.com/) ★★

- 클레이튼 기반 국내 NFT 프로젝트 민팅 일정 제공

10. 트위터오디트*Twitteraudit*(https://www.twitteraudit.com/) ★★★★

- 트위터 계정의 질적 데이터 제공

- 봇, 프로그램 등을 사용해 팔로워 숫자를 늘린 계정 필터링 가능

11. 코니언(https://coniun.io/) ★★★★★

- NFT 프로젝트별 가격, 거래량 등 데이터 제공

- 프로젝트 홀더 구성 확인 가능(블루칩 NFT 홀더 비중 등)

- 부분 유료

12. 듄^{Dune}(https://dune.com/home) ★★★★★

- 다양한 데이터 시트를 활용할 수 있는 플랫폼

- 개별 프로젝트 데이터뿐 아니라 각종 커스터마이징 데이터 열람 가능

13. 투데이인NFTs$^{Today\ in\ NFTs}$(https://twitter.com/todayinnfts) ★★★

- NFT 관련 뉴스 실시간 제공

- 간편하게 NFT 시장의 주요 이슈 확인 가능

14. NFT뱅크$^{NFT\ Bank}$(https://nftbank.ai/) ★★★★★

- 자신의 NFT 투자 포트폴리오 확인 가능

- 실현 손익, 수익률 등 다양한 투자 정보 제공

NFT 프로젝트 현황

(분류별 시가총액 기준 톱 30, 2022년 5월 기준)

1. PFP

NFT 컬렉션	바닥가 (ETH)	누적거래량 (ETH)	발행개수	공식 트위터
CryptoPunks	48.85	904.7K	1만	@larvalabs
Bored Ape Yacht Club	97	569.4K	1만	@BoredApeYC
Mutant Ape Yacht Club	19.99	397.5K	2만	@BoredApeYC
CLONE X-X TAKASHI MURAKAMI	13.3	199.2K	1만 9300	@RTFKTstudios
Azuki	13.7	238.9K	1만	@AzukiOfficial
Moonbirds	24	139.4K	1만	@moonbirds
Doodles	13.99	129.1K	1만	@doodles
Cool Cats NFT	4.32	106K	9941	@coolcatsnft
World of Women	4.98	65.8K	1만	@worldofwomennft

Bored Ape Kennel Club	6.99	97.6K	9602	@BoredApeYC
CyberKongz	29.9	25.5K	1만	@CyberKongz
Cryptoadz by GREMPLIN	2.19	69.4K	7014	@cryptoadzNFT
BEANZ Official	1.91	60.4K	1만 9950	@AzukiOfficial
MekaVerse	0.289	48.3K	8888	@MekaVerse
HAPE Prime	0.7	53.9K	8192	@HAPEsocial
Pudgy Penguins	1.49	54.3K	8888	@pudgy_penguins
0N1Force	0.379	48.6K	7777	@0n1Force
Invisible Friends	4.39	40.6K	5000	@InvsbleFriends
Fluf World	2.25	34.7K	9999	@fluf_world
World of Women Galaxy	0.688	27.6K	2만 1250	@worldofwomennft
CyberKongz VX	0.839	32.6K	1만 4825	@CyberKongz
Vox Collectibles	0.475	24.7K	8888	@GoGalaGames
mfers	1.85	36.7K	1만 0021	@sartoshi_nft
PXN:Ghost Divison	2.75	38.5K	1만	@projectPXN
VeeFriends Series 2	0.65	23.6K	5만 2422	@veefriends
PhantaBear	0.565	34.6K	1만	@EzekClub
Prime Ape Planet PAP	0.189	29.6K	7979	@PrimeApePlanet
Karafuru	2.36	42.3K	5554	@KarafuruNFT
Hashmasks	0.3389	42.1K	1만 6363	@TheHashmasks
The Doge Pound	0.375	29.3K	1만	@TheDogePoundNFT

2. 수집품 *Collectibles*

NFT 컬렉션	바닥가 (ETH)	누적거래량 (ETH)	발행개수	공식 트위터
Meebits	5.1	119K	2만	@MeebitsNFTs
VeeFriends	7.8	52.3K	1만 255	@veefriends
NFT Worlds	4.69	47.9K	1만	@nftworldsNFT
Emblem Vault	0.02	33.1K	2만 5754	@EmblemVault
Bored Ape Chemistry Club	43.4	54.2K	3	@BoredApeYC
Punks Comic	0.167	23.9K	1만 7301	@punkscomic
RTFKT - MNLTH	5.65	50.9K	1	@RTFKTstudios
Creature World NFT	0.3659	35.3K	1만	@creatureNFT
NeoTokyo Outer Identities	0.49	20.4K	4495	@NeoTokyoCode
dotdotdots	0.115	6.5K	4870	-
NeoTokyo Identities	5.65	14.4K	2021	@NeoTokyoCode
My Curio Cards	0.26	37.5K	30	@MyCurioCards
Adam Bomb Squad	0.32	20.8K	2만 4999	@AdamBombSquad
MetaHero Universe	3.35	15.4K	6742	@MetaHero_
JRNY CLUB OFFICIAL	0.73	15.1K	1만	@JRNYclub
Capsule House	0.55	24.4K	1만	@capsule_house
Damien Hirst - The Currency	3.8	18.3K	2276	-
LOSTPOETS	0.24	29.8K	2만 7856	@poetslost
Official Wrapped MoonCats	0.36	18.2K	1만 9071	@ponderware
NeoTokyo Part 2 Vault Cards	0.79	9.6K	2500	@NeoTokyoCode
Ether Orcs	0.99	5.5K	5019	@EtherOrcs
Blitmap	4.19	10.2K	1700	@blitmap
Galaxy-Eggs	0.1	14.8K	9999	@galaxy_eggs

NFT 컬렉션	바닥가 (ETH)	누적거래량 (ETH)	발행개수	공식 트위터
Rarible	<0.0001	100.8K	3만 15728	-
The Boring Ape Chronicles	3.25	5.5K	10	@TimpersHD
PEACEFUL GROUPIES	0.064	12K	1만	@peacevoid_world
10KTF	0.66	9.2K	1만 8377	@10KTFshop
Smilesssvrs ::)	0.438	10.4K	8747	-
TIMEPiece Community	0.169	182	4837	@timepieces
Nifty League DEGENs	0.242	7.5K	9899	@NiftyLeague

3. 게임

NFT 컬렉션	바닥가 (ETH)	누적거래량 (ETH)	발행개수	공식 트위터
Loot	0.67	74.4K	7779	@lootproject
Sorare	0.013	50.3K	3만 30044	@SorareHQ
PXN: Ghost Divison	2.75	38.5K	1만	@projectPXN
Wolf Game	0.589	21.2K	1만 3733	@wolfdotgame
Cool Pets NFT	0.52	29.1K	1만 9155	@coolcatsnft
Creepz Genesis	1.08	28K	1만 1111	@CBCreepz
Wolf Game Legacy	22.6	13.6K	1만 3809	@wolfdotgame
Worldwide Webb Land	0.7989	24.2K	9508	@Worldwide_WEB3
Metroverse	0.446	24.8K	1만	@themetroverse
MetaHero Universe	3.35	15.4K	6743	@MetaHero_
CryptoKitties	0.001	70.7K	201만 2265	@CryptoKitties
LOSTPOETS	0.24	29.8K	2만 7856	@poetslost
Arcade Land	0.288	17.8K	1만	@arcadedotinc
Ragnarok Meta	0.98	18K	7774	@RagnarokMeta

ASM AIFA Genesis	3.31	10K	1만	@altstatemachine
Forgotten Runes Wizards	1.8	13.9K	9379	@forgottenrunes
The n project	0.075	10.6K	8888	@the_n_project_
Ether Orcs	0.99	5.5K	5019	@EtherOrcs
OxyaOriginProject	0.147	12.7K	7898	@OxyaOrigin
Pixelmon-Generation 1	0.29	14.5K	1만 5	@Pixelmon
Axie Infinity	-	27.5K	28만 3781	@Jihoz_Axie
RaidParty Fighters	0.024	14.1K	1만 8493	@raidparty
Galaxy Fight Club	0.26	7.8K	1만 129	@GalaxyFight_NFT
Voxies	0.155	6.8K	1만	@VoxiesNFT
Creepz Reptile Armoury	0.0469	10.2K	1만 9998	@CBCreepz
Wolf Game - Wool Pouch	0.2	6.1K	9527	@wolfdotgame
Nifty League DEGENs	0.242	7.5K	9899	@NiftyLeague
Bloot	0.0085	9K	8008	-
Realms	0.7	5.7K	8000	@LootRealms
Sipherian Surge	0.145	6.3K	9999	@SIPHERxyz

4. 예술

NFT 컬렉션	바닥가 (ETH)	누적거래량 (ETH)	발행개수	공식 트위터
Art Blocks Curated	-	250.6K	5만 5990	@artblocks_io
Foundation	0.035	1.4K	11만 6092	-
CyberBrokers	3.15	32K	9996	@CyberBrokers_
Karafuru	2.36	42.3K	5554	@KarafuruNFT
LOSTPOETS	0.24	29.8K	2만 7856	@poetslost

SuperRare	0.095	64.8K	3만 1308	@SuperRare
Killer GF	0.2	21.2K	7777	@killergfnft
KnownOrigin	0.01	8.1K	6만 9646	@KnownOrigin_io
MakersPlace	0.024	15.9K	8만 5414	@makersplaceco
Murakami.Flowers Seed	5.45	46.3K	1	@RTFKTstudios
Meme Ltd.	0.0089	4.8K	522	@DontBuyMeme
The Art of Seasons	1.05	7.6K	7237	@DirtyRobotWorks
Eponym by ART AI	0.046	4.7K	9985	-
Deafbeef	35	7.4K	222	@_deafbeef
Async Blueprints	0.012	346	1만 1473	@AsyncArt
BrainDrops	0.13	-	8733	@braindrops_art
The Official Surreals	0.027	4.3K	1만	@SurrealsNFT
Playing Arts Crypto Edition	0.028	4.4K	7830	@playingarts
Avid Lines	2.99	4.9K	500	@AvidLines
Fragments by James Jean	0.4753	3.4K	7000	@outland_art
Nuclear Nerds	0.214	4.4K	8999	@nuclearnerds
Elemental by Fang Lijun	2.75	3.7K	2022	@outland_art
Grails by PROOF Collective	1.68	3.3K	1036	@proof_xyz
BEEPLE: EVERYDAYS	17.7	6.1K	722	-
Ether Cards Founder	0.31	3.5K	1만	@ether_cards
Corruption	0.315	2.9K	4196	-
Quantum Curated	0.25	2.5K	3027	@QuantumNFT
lobsterdao	1.5	2.5K	3394	@10b57e6da0
Mutant Garden Seeder	3.69	3.5K	513	-
MidnightBreeze	0.4	3.3K	6969	@dutchtide

5. 메타버스

NFT 컬렉션	바닥가 (ETH)	누적거래량 (ETH)	발행개수	공식 트위터
NFT Worlds	4.69	47.9K	1만	@nftworldsNFT
The Sandbox ASSETS	0.0027	9.2K	2696	@TheSandboxGame
Lil' Heroes by Edgar Plans	0.349	18K	7776	@LilHeroesNFT
Cryptovoxels	0.65	16	9486	@cryptovoxels
FULL SEND METACARD	0.73	14.9K	9999	@metacard
Project NANOPASS	3.2	15.8K	5555	@projectNANOPASS
Treeverse	0.93	20.5K	2만 0262	@TheTreeverse
Somnium Space VR	0.39	26.4K	5781	@SomniumSpace
ASM Brains	1.55	7.5K	9031	@altstatemachine
FLUF World: Burrows	0.333	6.8K	1만 500	@fluf_world
Jadu Hoverboard	0.469	4.7K	6666	@JaduHologram
Netvrk Land	0.3	4.5K	1만 51	@NetVRk1
RTFKT x JeffStaple	3.15	3.8K	802	@RTFKTstudios
FancyBears Metaverse	0.398	4.3K	7888	@FancyBearsMeta
Apostles: Genesis	0.3	3.3K	7339	@BYOPills
Meta Legends	0.097	3.1K	1만 2345	@metalegendsnft
MatrixWorld LandVoucher	0.495	2.2K	1835	@theMatrixWorld
Multiverse VM	0.12	3.5K	7998	@MultiverseVM
Troverse Planets	0.07	3.2K	1만	@TroverseNFT
Laid Back Llamas Collection	0.069	3K	7000	@LaidBackLlamas
Solarbots.io	0.09	2K	3만 9944	@SolarbotsIO

한 권으로 끝내는 NFT 투자 수업

Treasure Project	0.05	2K	8999	@Treasure_NFT
C86 Cyborg	0.047	2.3K	8600	@Cyborg86nft
THE SECRET SOCIETY XX	0.004	2K	6666	@thesecrets_xx
Wulfz Official	0.0389	2.6K	8632	@wulfznft
Cryptowalkers	0.15	1.6K	6545	@WalkersCrypto
Fyat Lux	0.023	1.7K	8080	@fyatlux
Nostalgia by YMH	0.4	2K	2703	@ymhnft
AO Art Ball	0.06	1.8K	6776	@AOmetaverse
NeckVille	0.018	1.6K	5555	@Neckville

≋

출처

Chapter 1.

그림 1. https://coinmarketcap.com/ko/currencies/bitcoin/

그림 2. https://trends.google.co.kr/trends/explore?q=nft&geo=US

그림 3. https://trends.google.co.kr/trends/explore?geo=US&q=nft,crypto

각주 4. https://n.new s.naver.com/mnews/article/009/0000556974?sid=105

그림 4. https://nftgo.io/collection/adidas-originals-into-the-metaverse/
overview(기준일: 2022년 3월 26일)

그림 5. 닐 스티븐슨 $^{Neal\ Stephensen}$, 《스노 크래시 $^{Snow\ Crash}$》, Bantam Books,
http://www.isfdb.org/cgi-bin/pl.cgi?30947

그림 7. 로블록스 앱 캡처

그림 8. 로블록스 앱 캡처

각주 5. https://magazine.hankyung.com/money/article/ 202112147392c

각주 6. https://news.mt.co.kr/mtview.php?no=2022032817341177611

Chapter 2.

그림 9. https://opensea.io/assets/0xb47e3cd837ddf8e4c57f05d70ab865de6e1
93bbb/8489

그림 10. https://opensea.io/assets?search[query]=cryptopunks%20collection

그림 11. 이중섭, 〈황소〉, 1953년 추정, 종이에 유채, 49.5 × 32.3cm

그림 12. https://news.artnet.com/art-world/knoedler-rothko-in-forgery-
show-1040315

Chapter 3.

그림 14. https://opensea.io/assets/0xbc4ca0eda7647a8ab7c2061c2e118a18a93
6f13d/648

그림 15. https://opensea.io/collection/doodles-official

그림 16. https://opensea.io/collection/veefriends

그림 17. https://opensea.io/collection/mfers

그림 18. https://opensea.io/collection/art-thief-v2

Chapter 4.

그림 20. https://etherscan.io/txs

그림 21. 저자 제공

그림 22. Bunny Buddies 디스코드 채널

그림 23. https://opensea.io/collection/raccoon-secret-society

그림 24. https://opensea.io/assets/matic/0x2953399124f0cbb46d2cbacd8a89

그림 41. https://opensea.io/collection/premint-collector

그림 42. https://opensea.io/collection/justcubesnft

그림 43. https://icy.tools/collections/justcubesnft/overview

그림 44. https://opensea.io/collection/quirkiesoriginals

그림 45. 저자 제공

Chapter 8.

그림 46. https://opensea.io/collection/quirkiesoriginals

그림 47. https://opensea.io/collection/mutantshibaclub

그림 48. https://opensea.io/collection/azuki

그림 49. https://opensea.io/assets/0xed5af388653567af2f388e6224dc7c4b324
1c544/9183

그림 50. https://opensea.io/assets/ethereum/0xed5af388653567af2f388e6224
dc7c4b3241c544/2174

https://opensea.io/assets/ethereum/0xed5af388653567af2f388e6224d
c7c4b3241c544/9183

그림 51. https://opensea.io/collection/kiwami-genesis/activity

그림 52. https://kiwami.app/

그림 53. 저자 제공

그림 54. https://opensea.io/collection/kiwami-genesis/activity

그림 55. 저자 제공

그림 56. 저자 제공

그림 57. 저자 제공

그림 58~59. https://opensea.io/rankings

그림 60. https://opensea.io/collection/somethingtoken

그림 61. https://icy.tools/

그림 62. https://coniun.io/

그림 63~64. NFT베이스 앱 캡처

그림 65. https://opensea.io/collection/regulars

그림 66. 저자 제공

그림 67. https://opensea.io/assets/ethereum/0xbc4ca0eda7647a8ab7c2061c2e
118a18a936f13d/6785

그림 68~70. https://icy.tools/collections/moonbirds/holders

그림 71. 저자 제공

그림 72. https://opensea.io/collection/dourdarcels/activity

Chapter 9.

그림 73. https://www.ragnaroknft.com/roadmap

그림 74. https://opensea.io/collection/ragnarok-meta

그림 75. https://www.ragnaroknft.com/roadmap

그림 76. https://www.azuki.com/mindmap

그림 77. https://opensea.io/collection/guttercatgang

그림 78. https://twitter.com/Trevpowers/status/1504230007463309314

그림 79. https://twitter.com/ModernNotoriety/status/1503174658086117378

그림 80. https://opensea.io/collection/guttercatgang/activity

그림 81. https://opensea.io/collection/the-art-of-seasons

**한 권으로 끝내는
NFT 투자 수업**

1판 1쇄 인쇄 2022년 6월 15일
1판 1쇄 발행 2022년 7월 4일

지은이 윤기수(엔모)
감 수 나홍석
발행인 오영진 김진갑
발행처 토네이도미디어그룹(주)

책임편집 진송이
기획편집 박수진 박민희 박은화
디자인팀 안윤민 김현주
표지 및 본문 디자인 유니드
교정교열 강설빔
마케팅 박시현 박준서 김예은 조성은
경영지원 이혜선 임지우

출판등록 2006년 1월 11일 제313-2006-15호
주소 서울시 마포구 월드컵북로5가길 12 서교빌딩 2층
독자 문의 midnightbookstore@naver.com
전화 02-332-3310 팩스 02-332-7741
블로그 blog.naver.com/midnightbookstore
페이스북 www.facebook.com/tornadobook

ISBN 979-11-5851-245-3 03320